职场社交商

[美] 基思·法拉奇(Keith Ferrazzi)
诺埃尔·韦里奇(Noel Weyrich) _著

姜智勇_译

中信出版集团 | 北京

图书在版编目（CIP）数据

职场社交商 /（美）基思 · 法拉奇，（美）诺埃尔 · 韦里奇著；姜智勇译 . -- 北京：中信出版社，2022.12
书名原文：Leading Without Authority
ISBN 978-7-5217-4850-5

Ⅰ . ①职… Ⅱ . ①基… ②诺… ③姜… Ⅲ . ①企业管理－组织管理学－研究 Ⅳ . ① F272.9

中国版本图书馆 CIP 数据核字 (2022) 第 222571 号

职场社交商
著者：［美］基思 · 法拉奇 ［美］诺埃尔 · 韦里奇
译者：姜智勇
出版发行：中信出版集团股份有限公司
（北京市朝阳区惠新东街甲 4 号富盛大厦 2 座 邮编 100029）
承印者：北京盛通印刷股份有限公司

开本：787mm×1092mm 1/16　印张：17.75　字数：186 千字
版次：2022 年 12 月第 1 版　印次：2022 年 12 月第 1 次印刷
京权图字：01–2020–3439　书号：ISBN 978–7–5217–4850–5
定价：79.00 元

献给新一代领导者，无论是年轻的还是年长的，

他（她）们共同创造了关于领导力的新概念和新意义。

目　录

前言
适应新职场关系的工作原则

单打独斗式的孤岛和职能部门早已难以为继。重要的成就往往是由跨职能的团队主导完成的，因此，持续一致的协同合作已经成了人们关注的新焦点。我们需要的是由理想、热情和恒心毅力驱动的人才，而不是背靠职权或者头衔发号施令的人。我们需要的是能够提出合适的解决方案，并且懂得如何组建团队、实现这些解决方案的人才。最重要的不再是雇用能力超群的人才，而是聘请有能力成就非凡团队的新型人才。

布莱恩·康奈尔

美国塔吉特公司
首席执行官

我们生活在人类历史上的一个关键时期，它充满了前所未有的财富和机遇。然而，这个时代同样带来了5级飓风般剧烈的颠覆性变革。令人惊叹的科学进步和指数级增长的技术创新在我们周围奔流涌动，把我们的生活变得越来越美好、越来越轻松。即使如此，在各个组织里，在各个层面上，人们对工作感到倦怠、烦躁乃至被工作压垮的情况也屡见不鲜。如今的时代堪称狄更斯笔下的双重世界——这是最好的时代，也是最坏的时代。

有时候，我会在某个星期远赴日本，指导一家医疗产品企业的高管团队，也可能为纽约的一家国际银行、洛杉矶的一家航空承包商或者莫斯科的一家对冲基金公司的高管提供指导。无论走到哪里，我都会听到同样的诉苦。从表面上看，令这些高管苦不堪言的是对势力范围的争夺、关于预算的争吵和组织内部的种种掣肘，实际上，这些现象真正源于人们内心深处对个人失败的畏惧。

很多人会不假思索地把这一切归咎于技术带来的与日俱增的压力。我对这样的看法颇不以为然。这是因为，内在的痼疾和疲软的基础其实一直都在我们的工作方法中，这个爆炸式变革的时代仅仅是把它们完全暴露出来了。有些企业会极尽所能地推崇兼容并蓄或者协同合作，并把这些价值观摆在它们的官网上，或者贴在休息室的墙上。然而，即使是在这样的企业里，我也能感到，类似的、令人厌烦的情绪回荡在整个管理系统的每个层面上。无论是高层管理人员、中层经理，还是一线职员，似乎人人都在抱怨自己与同事之间的关系毫无成效可言。而这种不健康的关系恰恰发生在颠覆与革新的大背景之下。

我们的工作方式早该更新了，技术的飞速发展使之势在必行。

组织里的每位员工都应该学会在没有职权的情况下发挥领导作用。这一认识是今天美国商业领域最令人激动，也是最具挑战性的一大现实问题。我在农夫保险集团做过这样的设想和比较，一边是 2 万名员工的创造力，它代表着 2 万种人生经历和数以百万计的深刻洞察；另一边是6到8位“有权有势的领导者”，也就是最高级别的C级领导班子，以及他们自身不可避免的局限性。只有张开双臂拥抱变革，我们才能获得更多的自由。如此一来，创新和变革将不再是少数几位领导者或者领导班子的专利，而是每位员工的良机。

杰夫·戴利　　**美国农夫保险集团**
总裁兼首席执行官

自驱型领导力

20世纪90年代，我从商学院毕业后加入了德勤，成为一名年轻的初级咨询师。很快，我发现自己并不适合制作表格、分析数据。分配到我手上的工作我感觉味同嚼蜡，这让我坐立不安。因此，我的业余时间排满了更有趣，也是我认为对德勤更有利的事情。我打电话请教从前的同学、教授和老板，和他们聊德勤，从他们身上寻求新的灵感。我还为自己安排了各种小型会议的演讲。每到周末，我会跑到全美各地做演讲，希望以此引起反响，为德勤开拓新的业务。我甚至在伊利诺伊州创办了一个全新的经营质量奖项，它既能帮助该州加快经济发展的脚步，又能帮助德勤的合伙人与区域商业领袖建立联系。

结果呢？第一年的年终考评成了一次让我刻骨铭心的巨大羞辱。我确实没有做好公司分配给我的工作。然而，我的上司从我为公司开拓新业务的爱好中看到了希望。他们决定为我报销费用，给我自由时间，委派我全职开展德勤的推广工作。也就是说，我此前从事的业余活动“转正”了。

在不到一年的时间里，我在德勤建立了一个自驱型的营销部门。我没有公司正式委任的职务，也没人向我汇报工作，我只是尽自己所能，和每一位与营销有关的人打成一片。我从来不会让头衔（对我来说是没有头衔）阻止我的脚步。接下来，我要求每年与帕特·罗康托共进两次晚餐，罗康托是德勤当时的首席执行官。晚餐期间，我尽可能地展现自己真实的一面，我想辅佐罗康托，帮助他在退休时为德勤留下一份丰厚的家底。本着这样的精神，我坦率地向他提出了不少建议。

我立志发挥这种自驱型领导力的作用，在德勤内部形成影响力，帮助这家公司在咨询行业打造全球品牌影响力。我不愿意等上十年（在当时的德勤，确实是“板凳需坐十年冷”），再加入领导者的行列。恰恰相反，我和公司内外最有影响力的人建立了重要的关系。接下来，我成了德勤的首席营销官。再后来，我成了德勤历史上最年轻的合伙人。

1994 年，我离开了德勤，担任喜达屋酒店集团全球首席营销官。这也让我成为当时《财富》世界 500 强企业中最年轻的首席营销官。我向时任喜达屋首席执行官巴里·斯特恩里希特直接汇报工作。这个岗位赋予我这家公司全球所有分部全部营销资源的支配权。我和斯特恩里希特合作，打造了一套强有力的全球品牌组合，我们的客人无论入住哪个城市的哪一家喜达屋酒店，都能获得始终如一的美好体验。为了提高效率、提升全球一致性，我们逐步完成了对喜达屋营销资源的整合工作，正如我之前的德勤团队做的那样。

然而，一个对手出现在我的“集权”之路上。他是喜达屋欧洲区的负责人。他坚称，他和他的团队更适合决定喜达屋在欧洲区域的营销预算。他确实对欧洲市场了如指掌，但是，我得到的授权是喜达屋全球范围的品牌营销。最终，我们合作完成了欧洲区的营销工作，但他不得不把他醉心得到的控制权让给我。

后来，喜达屋的全球总裁离任，猜猜谁是接班人，就是那位欧洲区的负责人。没过多久，我发现我的首席营销官职权被架空了，原本由我掌控的预算大权被分散到全球各个区域分部的营销负责人手里。我的职位注定要变成一具空壳。在我担任首席营销官之前，它原本就是那个样子。我离开了喜达屋。

我反思从这次惨败中学到了什么，这用了我不少时间。回头看看，很明显，从加入喜达屋、大权在握的那一刻起，我就把最初帮助我赢得这个岗位的领导者特质统统抛到了一边。我曾经在自驱型领导力方面表现卓越　　我似乎在这方面颇有天赋。但是，一旦大权在握，我就不再像在德勤时那样投入那么多时间建立强有力的人际关系了。我想当然地以为，新的职位会帮助我和我的团队成就非凡的事业。我感到天降大任。在喜达屋首席执行官的庇护下，我会在完成使命的道路上顺风顺水——我太一厢情愿了。

2004 年，我在一家初创公司担任首席执行官，开始撰写我的第一部著作——《别独自用餐》。[1] 它成了轰动一时的畅销书。这本书讲的是如何通过慷慨、真诚和脆弱性与他人建立关系纽带——我在德勤就是这样做的，进而发展关系、创造机会。当时，作为一名创业者，我同几千名会员和极具影响力的人保持着良好的关系（包括几位非常挑剔的人士）。我想通过这本书同每个人分享自己的成功秘诀。

差不多同一时间，我成立了自己的咨询公司——绿讯营销咨询顾问公司（以下简称绿讯）。我们的企业使命是什么？就是变革团队的协作本质，加速组织的成长。（如今，我会说，我们的使命是通过改造企业来改变世界。）我们建立了高绩效的跨职能团队，专注于突破式创新,并把这一切发展成一门学问。一些全球最成功的企业领导者、大型非政府组织，甚至一些政府部门纷纷聘请我们，让我们来帮助他们在颠覆性时代重塑自身的行为和文化，做到比竞争对手更灵活敏捷，更富有创新性。

做了数十年的咨询工作，我发现，很多人正在重复多年前我在喜达屋犯的错误。太多的领导者过于依赖自身的头衔、职位和对预算的控制权来完成工作。官僚主义的明争暗斗让他们苦不堪言，耗费了太多的气力，而这些气力本来可以更好地用于引导他人、共同发掘更大胆的新出路。我还发现，多数没有正式职权的人都会选择靠边儿站，等待自己的出头之日。他们本来可以潜心大干一场，就像我在德勤时做的那样：建立关系，无“职”者才能无畏，才能发挥自驱型领导力的作用，成就非凡的事业。

雇主需要我们抓住机会，提出方案，为企业创造价值。僵化的、老派的、指挥控制式的决策方式早已落伍。2016年，我的老东家德勤在一份人力资源专业人士调查报告中指出，在拥有5万及以上员工的大型企业中，仅有24%的企业还在通过职能层级式的组织结构完成工作。该报告指出，“组织正在纷纷转型，从传统的职能模式走向互联互通、灵活多变的团队模式”。

该报告还指出：

> 领导力的全部定义正在被彻底改写。“职权型领导”的概念，也就是人们依托权力或职务成为领导者，面临着巨大的挑战。取而代之的是，人们希望领导者更多地通过自身的专业水准、眼界和判断力来激发团队的忠诚度。[2]

自驱型领导力从未像现在这样重要过，我们一天比一天更迫切地需要它。根据高德纳咨询公司的预测，到2028年，算法将淘汰数量众多的中层管理岗位，届时，几乎所有工作都要依靠跨职能团队的网络来完成。高德纳咨询公司把这种情况描述为“实现关键结果的自主式、高绩效团队的大合奏”。[3]

克劳斯·施瓦布是我早期的导师之一，也是世界经济论坛的创办者。施瓦布曾经指出，人类正处在“第四次工业革命”的进程中。它是如此复杂、如此变动不居，因此需要一种全新的领导方式，以便为所有公民和组织带来力量，帮助他们在责任共担、相互协作的背景下创新、投资、创造价值。[4]

企业文化是美捷步的第一要务。我们相信，员工拥有的潜力远远高于绝大多数企业（甚至是员工本人）意识到的程度。我们要做的就是，为他们创造用武之地。我迫切地向美捷步介绍“共赢”（co-elevation），无论是一部著作、一个概念，还是一个被赋予了新意义的名词，它都将帮助我们创造环境，引领我们的文化更上一层楼。

谢家华

美捷步
前首席执行官

打破部门壁垒

自驱型领导力正在不可阻挡地成为 21 世纪的组织模式。问题在于，对绝大多数管理者来说，如何切实而出色地用好这个模式，至今仍是未解之谜。德勤的调查显示，尽管跨职能团队广受推崇，但是只有 21% 的人认为自己擅长组建跨职能团队，仅有 12% 的人清楚员工在网络式结构中的工作方式。[5] 这是远远不够的。

陈旧的游戏规则早已失效。但是，我每天都能看到人们紧抓陈规不放。为什么？因为我们还没有为新游戏制定出像样的新规则，没有为如何成为头号玩家提供游戏指南。

那是以前。

本书第一次整理了面向新型工作环境的一系列新原则。它为读者带来的是完备的、整体性的、行之有效的方法论。在这个自驱型领导力成为必备能力的新世界，它会帮助读者赢得成功。

在书中，我对症下药地提出了各种解决方案。这些方案旨在唤醒人们对自驱型领导力的新认识，并把这种思维模式用在新的职场工作体系中。我把这个体系称为“共赢”。

如果简单定义，“共赢”指的是在使命的驱动下，通过流动性的合作伙伴关系和自驱型团队，协同一致解决问题的方式。当与一位或者多位同事实现共赢时，我们相当于把他们变成了自己的队友。在坦诚沟通和责任共担的基础上，我们建立了紧密的合作关系。“共赢”的要义是，“众人拾柴火焰高”。它培养的是一种豪迈的精神，以及对新队友和共同使命的责任心。它的最终成果总是远远超出常规组织架构所能做的一切。

想在充满不确定性的时代发展壮大，有效应对影响各行各业的巨大颠覆性压力？请把共赢当作你的指路明灯。综观本书列举的每一条共赢的原则和技巧，其目的都是培育新的工作原则，帮助每一名员工领导一个或者多个自驱型团队，在职场金字塔的条条框框之外实现更大的成功。通过共赢实现的自驱型领导力离不开多方面的个人品质和行为，我曾在《别独自用餐》一书中提到过，那就是慷慨大方、感恩之心、脆弱性、宽容大度和为他人喝彩等。

我相信，共赢可以把职场的竞争关系变成互惠互利的合作关系。通过共赢，我们会在工作中产生更多的积极能量，想出更具创新性的点子，我们的能力将得到拓展，工作的落实也会更迅速。在有些人听来，这些想法或许有些异想天开，但是，我们在绿讯的工作早已证明，想在新工作环境中发展壮大，这些个人品质是不可或缺的。它还证明，在团队内部，建立在共同责任基础之上的坦诚且值得信赖的关系可以带来更好的销售业绩、更高的生产力、更非凡的创新、更深的参与度，最终带来更高的收入、利润和股东价值。这一切都是在面对不可预测的颠覆性力量和前所未有的变革速度的情况下完成的。

从商学院毕业至今，我先后做过初级职员、《财富》世界500强企业高管、企业家、初创企业创始人兼首席执行官。回望职业生涯的每一次转折，我多么希望当时能读到一本这样的书。对中高层领导者来说，共赢可以重整前程，打通扼杀业绩的孤岛和控制体系，带来突破性成果。对正处于上升期的新人来说，尽管无官无职或者只有一官半职，但共赢能成为他们展示领导才华不可或缺的百宝箱。对创业者来说，共赢为团队合作开启了多种新的可能性，帮助他们拓宽眼界，更好地把企业做大。对企业高管来说，共赢可以成为强有力的企业顶层协同合作的新模式——它可以在整个组织的范围内发起行为变革运动。

共赢可以帮助各个层面的领导者、团队和组织打破官僚主义的权力瓶颈，更快更好地做出成绩。在与他人共赢的同时，我们会和更广泛的团队共同追求新变革，实现新使命，通过协作完成自己原本做梦都想不到的目标。

我希望帮助你把共赢变成自身的超能力，冲破本职工作的束缚和边界，走得更远，成就佳绩。共赢的实践必将在职业生涯和个人生活上助你一臂之力。共赢原则真的具备很强大的力量。你会成为超人，所向披靡。

在后面的章节中，我会谈到如何使用这项超能力，超越同事的预期——无论你的组织是灵活敏捷且快速成长的初创企业、私营企业、非营利组织，还是跨国企业。

本书来自绿讯十多年的研究、观察和试验，以及我们与全球最伟大的变革引领者的合作实践，凝聚了我们的导师、咨询师和博士研究员的大量心血。书中的每一条原则、每一种实践和每一项方案都要归功于我们合作过的、服务过的企业和绿讯数百位管理者的洞察力和宝贵经验，归功于数不清的合作伙伴。

为了完成本书的研究，我先后采访了一百余位首席执行官和领导者，我曾有幸结识并与他们展开合作。本书记录了来自这些采访对象的第一手资料。他们针对新的工作规则提出了自己的建议，分享了宝贵的经验。

实事求是地讲，如今的指数级变革席卷了全球经济和每家企业的业务。每当看到领导者对此做出响应和调整时，我常常被他们的激情感染，被他们矢志学习、成长和成为更好的领导者的决心和毅力打动。如果没有他们的洞见和帮助，就不可能有这本书。

企业无论规模如何，都会有一些组织目标凋零在部门间的夹缝和死角里。这些企业会发现，共赢可以帮助它们完成这些目标。一个简单的事实是，从收发室到总裁办公室的每一名员工都能通过共赢找到志同道合的盟友，进而成为领导者。

从明尼阿波利斯到底特律，从米兰到迪拜，我见过很多这样的成功案例。绿讯曾经帮助几十家《财富》世界500强企业培育影响深远的转型变革，创造了几十亿美元的收入增长和股东价值。通用汽车公司的员工超过18万，这家公司在改革北美分部时采用了多项共赢的核心原则。共赢原则还帮助Dun & Bradstreet（一家商业信息服务公司）的首席执行官和他的高管团队一举打通了原本壁垒重重的部门孤岛。这家公司的股价当年上涨了20%。

我们还把共赢介绍给了硅谷初创企业的领导者，包括Box（应用软件公司）、Dropbox（互联网服务公司）、Lyft（出行软件公司）、DocuSign（电子签名服务公司）、优步、Zoom（视频会议软件公司）和Coinbase（美国比特币多媒体数字货币交易平台）等等。在扩大规模、加速成长的过程中，这些年轻的企业拥有得天独厚的机会，它们能彻底摆脱陈旧的组织架构，直接建立起流动性强且跨职能的共赢团队网络。

共赢富有感染力。它的设计理念促使我们招募更多的人加入共同的事业，它带来的是对行动和创新的偏好。共赢通过个人的变革完成组织的变革。它号召组织里的每个人在协同关系中发挥领导作用，无须顾虑自己的头衔或者岗位。创新的无尽压力需要通过共赢来解决，因为机会总是突然出现和消失，除了共赢，别无良策。

数字革命正在降低各行各业的竞争门槛。旧的组织架构要求人们在参与任何一个项目之前首先获得“上司的批准”，否则没有哪一项新方案能存活下来。自驱型领导力为我们指出了一条前进的必由之路。它打开了一条通道，冲破职位和头衔的限制，让我们变得更加灵活敏捷，帮助我们建立协同式伙伴关系。

斯科特·萨米尔斯 | ABM 公司首席执行官

重燃你的蓝色火焰

在面对压力的情况下，负责人往往容易开倒车，依赖自己熟悉的管理方式。因此，这一类型的变革需要从我们自身做起。我自小就目睹，当管理者拒绝跟随变革的脚步时，普通员工会经受怎样的痛苦。20 世纪七八十年代，我父亲是一名钢铁厂工人。由于质优价廉的日本钢铁产品潮水般涌入美国市场，我父亲经常被迫停工。这让我的家庭不得不一次又一次地面对严重的财务危机，由此带来的痛苦深深烙在我的心里。

那时候，父亲经常会在下班后向我们抱怨工厂种种浪费和低效的做法。他尝试着提出建设性意见，却往往遭到车间主任的漠视。我父亲被告知，他不该说任何话。甚至有人劝我父亲放慢工作节奏，因为他会让那些磨洋工的人暴露无遗，让车间主任脸上无光。因此，在我父亲看来，美国钢铁产业（包括钢铁产业为之供货的汽车产业）的诸多问题是显而易见的。因为身处一线，他看得比谁都清楚。尽管如此，管理者的鼠目寸光还是造成了我父亲的失业。在宾夕法尼亚州西部诸多的工业小镇里，同样的情况发生在数以千计的人的身上。

即使当时只是个孩子，我也为此愤愤不平，我立志改变这种情况。在父亲的鼓励下，我发愤学习，获得了美国两所顶尖私立学校的全额奖学金。后来，我进入耶鲁大学学习。1988 年毕业时，我并没有像多数同学那样直奔华尔街。我是当年唯一一个选择进入制造业的耶鲁毕业生。因为我想找到办法帮助像我们一样的家庭。

我成了一名全面质量管理专家。全面质量管理的原则是，为工作者赋权，发挥团队的力量，通过持续改进获得更高的质量水准。我走进车间，帮助像我父亲一样的普通工人创新，找到解决问题的办法。我在早期参与了一次质量运动，它帮助美国企业在 20 世纪 90 年代夺回了丧失了 20 年之久的竞争优势。

是时候再来一次工作环境的大规模重启了。我相信，指引我们完成这一重启的罗盘就掌握在你我的手里。它会让我们感到振奋，而不是深陷在无边的工作压力中无法自拔；它会帮助我们通过互惠互利的自我关爱——而不是自我牺牲——实现超越；它会把拖后腿的累赘变成坚强可靠的后盾；它会通过协同合作把压力的来源变成动力的源泉。

好消息是，对企业而言，诸多挑战的答案早就摆在那里，只是无人问津，就像我父亲工作时那样。自驱型领导力并不是一个新概念。二战期间，盟军在欧洲的最高指挥官艾森豪威尔将军，也就是后来的艾森豪威尔总统，把领导力定义为“一门艺术，它让别人心甘情愿地完成你想做的事情”。[6] 我信奉的概念与之类似，我在书中把它描述为

“发现队友的蓝色火焰”。

我会在后面的章节阐述如何发现蓝色火焰，建立共赢关系，如何建立和发展属于你自己的共赢团队。书中提供了循序渐进的方法，包括如何在工作中通过大胆包容的方式重新定义合作，提升工作成果。你会发现共赢的巨大力量，学会对等式指导方法。这种方法会把共赢的口号——“众人拾柴火焰高”——变成现实。你会通过新视角发现感恩、赞美和为他人喝彩的重要意义。你还将见证共赢的理念是如何引发全球运动的，该运动旨在重新构建人类看待和对待彼此的方式。

同《别独自用餐》的做法一样，我会在本书中提出大量的窍门、策略和建议。同时，我清楚地知道，它并非适用于每个人，也无法吸引每个人。所以，请不要把本书提供的建议当作待办事宜，请把它看成一个资源包。你可以首先尝试其中的某一项建议，接下来尝试下一项，找出哪些建议对你帮助最大。在竞争加剧的当下，当客观形势呼唤开放时，选择回避也许充满了诱惑力。按照书中的实践性做法，你可以学会如何抵制这一冲动，不要再退回到组织权威和自上而下管控的老路上去，而要选择与他人协作，完成那些实际上只有通过协作才能完成的目标。

后面的章节会讲到很多人的故事。他们来自各行各业，处于职业生涯的不同阶段，从职场菜鸟到首席执行官，不胜枚举。请不要过多地为这些故事的细节分心，也不要因此觉得它们根本不适合你。如果仅仅因为我讲述的某个人物不完全符合你的境况，以至你没有读出故事背后的深意，那么我一定会感到非常遗憾。在审视每个例子时，请适当宽泛地看待自己和自己所处的环境。归根结底，共赢原则具有普适性，它适用于每一个人。

本书讲述的故事，无论是充满成功的喜悦还是失败的煎熬，都事先征得了当事人的同意。我在很多故事中使用了化名，刻意隐去了可能透露当事人身份的关键细节。因为我的本意是让你充满力量，而不是让事例中的主人公难堪。他们偶尔也会犯错、栽跟头，就像你我一样。你还会看到，人与人之间的互动可能带来混乱的局面，共赢的事例并不总是花团锦簇、讨人欢喜的。我就犯过数不清的错误，常常让自己难堪。我的经历足以证明，在学会共赢的道路上，失败是不可避免的。

想要成功地建立共赢关系，我们需要付出时间、努力和耐心，还需要不断地实践。坦率地讲，面对每一天，我们需要新的思维方式、沟通方式和行为方式。从这个意义上说，本书为更加健康的工作方式开出了一剂药方。就像人们刚开始一种更健康的生活方式、养成一种新的饮食习惯或者从事锻炼一样，你做不到永不犯错。我就没有做到这一点，书中每个故事的主人公同样没有做到。有时候，我们会在错误的时间说出错误的话。比如，你认为自己取得了对团队中某个人坦率发表意见的许可，而事实并非如此。

也许偶尔你会觉得自己脆弱不堪，认为自己保持了开放性，或者感觉自己做到了感同身受，而身边的其他人完全没有这样的体会。我的建议是什么？请坚持下去。它是你所有努力的指南针，它只是一段旅程，远远不是目的地，沿途一定充满了诸多挑战和挫败。

在如今飞速变化的环境中，我们必须持续不断地在整个组织范围内推动变革，领导者必须做到与时俱进。这需要鼓励创新，需要具有慈悲心的领导方式，需要快速做出大胆的决断。要不断消除前进途中的种种障碍，帮助团队更好地协同配合，实现成功，对世界产生积极的影响。这一点至关重要。

罗卓克

思科公司
董事长兼首席执行官

职场社交需要根本性转变

我热诚地相信共赢的力量。我相信，共同创造的精神能够解锁人类的潜能——它将带来更好的自我、更好的他人、更好的组织，甚至可以帮助人类解决棘手的全球性问题。

我把共赢宗旨应用到生活的方方面面。它是我为人父、为人友、找到灵魂伴侣的行为准则。共赢是启发和激励他人的有力工具，它会通过极为深刻和私人化的方式做到这一点。很多人告诉我，他们把共赢原则用在社交生活、感情生活中——甚至把它用作婚礼上的誓言。有一天，一位朋友给我发来一张文身照片，那是他刚刚文到手腕内侧的，上面用简洁的、小写的新罗马字体写着：共赢。他把文身献给了自己的新娘，为人生中最重要的关系确立了标准。他在短信中说：“我的朋友，你的理论永远铭刻在了我的身上。”

接受共赢，并把它作为人生信条的人必将取得重要的优势。这一点适用于所有行业，适用于政府机关、非营利组织、学院、大学和医院等机构的各个层面。我可以负责任地说，在5到10年的时间里，那些没有采取这些做法的企业会发现它们很难跟上其他企业的脚步。如果你还在墨守成规，那么留给你改变的时间不多了。巨大的动荡即将来临，这一次的赢家只能是那些足够灵活、能够变革工作文化、改造员工的企业。

未来学家雷·库兹韦尔曾经指出，随着时间的推移，技术变革带来的实际影响将是指数级的，而不是直线式的：“因此，人类在21世纪经历的将不是100年的进步，而是近2万年的进步（以现今的速度）。”[7]

未来的数年将以人类前所未见的变革性颠覆为特征，这将是一个令人激动和终生难忘的时代。作家彼得·戴曼迪斯指出，未来将是一个富足的时代。他认为，技术是一种资源解放机制，能把曾经的贫乏变为富足。在彼得看来，富足并非让每个人过上奢靡的生活，而是让每个人过上充满可能性的生活。[8]

彼得是一位享誉全球的科学家、企业家，他是XPRIZE基金会的创始人和主席，还是奇点大学的共同创办人。我在这所大学里讲授行为科学课程。能够拥有彼得这样的朋友和合作伙伴，并被他当作协同变革导师，我感到非常荣幸。如果不能在工作和人际关系中完成根本性的共赢式的行为转变，彼得就不可能对未来做出充满智慧的深刻洞察。借用彼得的话来说，为了过上“充满可能性的生活”，收获“化匮乏为富足”的变革成果，我们必须抛弃陈旧工作环境中僵化的孤岛与命令体系带来的、以匮乏为出发点的行为。彼得希望我和我的著作能让更多的人了解这一行为的转变。

我以“利用地心引力”形容出于人性本能的基本驱动因素——每个人都渴望归属感。这种需求为每位领导者带来了巨大的机会，这种机会既属于拥有职权的领导者，也属于无职无权的领导者。早在远古时代，人会加入部落，成为其中的一员，这都是为了生存，包括个人生存和集体的存续。我们在为部落的集体福祉做出贡献的同时，也在改善自身的生活，这就是进化。它是我们基因的一部分。

因为同样的道理，我创办了绿讯。大约 20 年前，我们开始了关于驱动组织增长的行为研究。当时，我告诉团队，我们最重要的一项设计原则是，研究最根本的人类内在行为。我把它简称为“利用地心引力”。每当看到一种未来的技术或者实践时，我都会问我的团队：“关于这一点，我们是在抵抗地心引力，还是在利用它？”

因此，在正式开始本书之前，我需要最后强调一点：在共赢的过程中，我们是在利用一种像万有引力一样强大而持久的力量。共赢是人类的本能。即使是团队里最不合群的成员，实际上也在期待我们发出邀请，邀请他们共赢，共同创造，共同发展。自然之力是站在我们这一边的，祝我们一路顺风。

再次强调，共赢是一种超能力，它能帮助你和身边的人完成非比寻常、令人惊叹的事业。它也是存在于每个人心中的超能力。我们每个人，无论头衔是什么，都可以变成更好、更高效、更有影响力、更投入的领导者。即使如此，我们也需要自己迈出第一步。正如你在接下来的篇章会看到的：一切都靠你了。

原则 1

别独自用餐

真正决定权力的并不是职位，而是影响力。如果能多多激励身边的人，帮助他（她）们发挥出自己最好的一面，并以此作为最重要的工作，业务的发展和事业的成功就会随之而来。每个人都很清楚：我们处在一个极其关键的时代，我们的工作处在快速变化中。因此，我们必须打造多元化的工作环境，为诚挚的、有建设性的反馈意见提供生存空间，让人们相互帮助，促成彼此的成功。简言之，我们要建设令人珍视和鼓励共赢的新型组织。

明迪·格罗斯曼

WW International 公司
首席执行官

桑迪筋疲力尽，愤懑不已。她对我抱怨着："接下这份工作就是个天大的错误！这里的办公室政治太离谱了，简直像《权力的游戏》——但没有半点儿骑士精神。"

桑迪是一家位于芝加哥的全国性银行的人力资源总监。当时，甩给她的难题远不是她的职权能够解决的。她正在负责一个大项目，目标是集中全公司的薪酬激励权，把它收拢到人力资源部。项目刚发布不久，桑迪和她的上司就听到风声：销售部也准备推出一项类似的计划，要实施独立的薪酬激励制度。这是桑迪当时面对的最大挑战。

桑迪的上司对此忧心忡忡。如果其他部门效仿销售部的做法，纷纷推出类似的独立激励制度，那么人力资源部一定会颜面扫地。如果真的这样，那么人力资源部的项目几乎注定会失败，无法实现既定的降低成本的目标。然而，桑迪的上司并不想与销售部门负责人就这个问题正面碰撞，于是，他把这个烫手的山芋甩给了桑迪。他要求桑迪说服销售运营负责人，同时也是销售部的二号人物——简。他希望桑迪做通简的工作，让她放弃销售部的独立激励计划。“一定要把它扼杀在摇篮里。”他对桑迪说。

桑迪没有权力告诉简该做什么、不该做什么。所以，不出所料，简非常直白地告诉桑迪：销售部要有自己的业绩激励体系，以此刺激第四季度疲软的销售业绩。桑迪陷入进退两难的境地。一方面，她没有权力强迫销售部按照人力资源部的新计划行事；另一方面，如果新计划失败，她的上司一定大为恼火。

几年前，桑迪在做上一份工作期间和绿讯打过几次交道。她是我当时见过的最出色的年轻管理者之一。桑迪联系了我，问我有没有时间共进午餐。我当天在芝加哥安排了一场演讲，对象是一群人力资源负责人。演讲前还有些时间，于是，我欣然接受了桑迪的邀请。我还邀请了另外几个人，但他们都没能成行。所以，最后只有我和桑迪两人共进午餐。

菜还没上来，桑迪放下手里的冰红茶，向我透露了一个秘密：她正在考虑换一份新工作。她说：“我实在不知道自己适不适合这份工作。”桑迪是凭着真才实学取得这份工作的，包括高职位和高薪。桑迪是一位非常懂得照顾下属的好领导，她的下属知道，她会在背后支持他们，所以她总是能顺势而为地让员工做出超过预期的业绩。

一方面，简让桑迪充满了挫败感；另一方面，桑迪的上司拒绝与销售部正面对决，这让她觉得自己成了炮灰。她的抱怨我再熟悉不过了。职场的政治游戏极度消磨人的斗志，哪怕是最能干的人，也难免生出受害者心态。回想我在喜达屋工作的经历，新任总裁夺走了我作为首席营销官的预算权，当时我同样觉得自己成了牺牲品。

但是，我问桑迪：“你有没有把握，你的整体激励计划才是最适合销售部的？你的计划能帮销售部实现季度销售目标吗？”

桑迪承认，她保证不了，但这并不是她最关心的问题。完成销售任务，那是销售部的工作，他们一直没有达标。桑迪也有太多的工作需要处理。她还被任命去领导一支跨部门团队，为人力资源部开发一款移动应用程序，这项工作的进度已经滞后了。负责应用开发和上线等关键岗位的同事来自其他部门，这些人总是缺席桑迪召集的项目会议。这又是一个例子，它说明桑迪职权范围以外的人，也就是桑迪无法追究责任的人，是如何阻碍项目正常运作的。

重新思考你的团队都有谁

我问桑迪：“你的团队最近怎么样？”

桑迪回答："他们和我一样沮丧。你是了解我的，我总是竭尽所能地保护他们。"

我又问了她一遍："我明白。我的意思是，你的团队最近怎么样？"

桑迪笑了。她非常熟悉我的指导方式。"哦，基思，你的葫芦里到底卖的什么药？我已经说过了，我的团队和我一样沮丧。"

我对桑迪说："我之所以这样问，是因为我真的关心你和你的职业生涯。你有没有发现，你觉得对不住自己的团队，可是你甚至都没有意识到它的存在？"

桑迪立刻提起精神："请接着说下去，你说的是哪支团队？"

我说："当然是你自己的团队。每一个帮你完成任务、达成目标的关键人物，都是你的团队成员。"

桑迪和每一位管理者一样，都认为只有在组织架构中直接向自己汇报的人才是自己的团队成员。但是，如果始终对自己的领导职责抱着如此偏狭的看法，她必将在工作中遇到更多的阻碍。成功克服这些阻碍的唯一办法就是改变旧的观念，拥抱新的观念：团队是一个远大于此的、由人组成的网络。对桑迪来说，她管理的范围远远超出人力资源部的职员。

这是我给桑迪出的难题。她能不能在自身职权之外激发同样的团队投入度和业绩表现？具体来说，她能不能像调动自己的团队那样调动销售部的人？她能不能让销售部和她的目标一致，然后一起找到解决方案？

我在这场对话中的目标很简单——帮助桑迪转变观念：不再把自

己视为受害者，而是一支更大的团队的领导者。职场上每个人都难免遭遇办公室政治。解药就是领导一支由你创建的团队，去领导那些不需要向你汇报工作的人。也就是说，要发挥自驱型领导力。

这是我提出的第一条职场新原则的基础。我们必须清醒地意识到，无论面对哪一种工作目标、哪一个项目和哪一项使命，我们都有责任领导一支更大规模的团队来完成它。这支团队的人数远多于被分配给我们领导的员工数。我们的使命越重大，这支团队的范围就越广泛。与此同时，作为领导者，我们要对这支团队抱有同样的热情和投入度，就像团队中的每个人都是我们的直接下属一样。

多数人会对明确规定的上级和下级充满忠诚和责任心。我们会关心自己团队里的每一位成员。至少，在日子好过时，我们都能做到这一点。我们会支持他们，为他们出头。我们希望团队成员能不断成长，取得成功。如今的工作不断向组织更加松散的跨部门形式转变，在此过程中，我们必须把同样的关心、牵挂、责任感和同事情谊扩展到新型团队的每一个人的身上——包括那些我们甚至还没有意识到属于这支团队的人。这是取得卓越业绩的唯一方法。

职场人际关系是关系中的关系

桑迪的处境说明，今天的管理者常常需要在不掌握完全控制权的情况下承担更多的责任。桑迪要对新的薪酬激励计划的实施工作负责，可是她并没有职权让其他部门服从她。

她还要负责人力资源部的移动应用程序项目，但她无法命令其他部门的人出席她的项目会，因为那些人根本不需要向她汇报工作。同样，简和销售部的员工要对他们每个季度的销售业绩负责。销售经理急需提振团队士气的独立薪酬激励计划，而人力资源部一心要夺走这一计划的控制权。这对销售部构成了威胁。

从20世纪90年代开始，随着类似SAP和甲骨文这类大型企业软件的问世，财务、人力资源、采购、供应链、法务和营销的自动化流程帮助大企业节约了成本，同时加强了自上而下的直接控制。高管和咨询顾问卖力地标榜这种日益集中化的全球一致性“矩阵”结构，说它可以降低成本、裁汰冗员，让流程变得更精简高效。然而，在实际执行过程中，各个部门和地区往往会丧失独立决策的能力。旧有的、根深蒂固的层级模式往往沉渣泛起，在控制权、所有权和行政权等方面很自然地就制造了各种紧张和矛盾。

最初在采用这种管理模式时，人们对各个垂直组织孤岛间的协同合作非常重视。然而，这个想法最终只是嘴上说说。尽管组织期待每个人都能通过跨职能的合作推进工作，但结果与原来的孤岛式方法并没什么不同。孤岛一直都在，只不过换了一种形式。桑迪的故事清楚地说明，尽管早已实施了新的管理模式，但原来为了争夺地盘、控制权、所有权和职权的斗争依然如火如荼地上演着。

旧有的工作规则充满了误导性，例如“要想完成任务我得有控制权”，“这不是我的工作”，“他不是我的直接下属”，“我无权做这项工作”，这些观念在现在的工作环境中已经落后了。很大程度上，这也是众多敏捷的、快速发展的初创公司能够如此高效地颠覆一些行业的重要原因。这些初创企业在规模庞大、声誉卓著、垂直管理的行业领头羊的眼皮子底下迅速崛起。

也许新型职场的典型特征就是彻底地相互依存。尽管自上而下的管理模式仍然决定着预算，但工作的完成取决于盘根错节且相互依存的关系网。无论什么样的管理者，无论其职权、资金和资源情况如何，都无法在全面的挑战下应付裕如。用一位客户的话来说：“要做的工作太多了，根本不可能独立完成。”

《别独自用餐》一书强调的是，通过个人关系网络中真诚的、慷慨的、相互支持的关系来创造机会。这一点不仅在该书出版的2005年适用，如今依然适用。只不过，新的工作环境带来了新的工作要求。我们的人际关系网已然进化成完成工作的主要媒介。因为绝大多数组织中的人都是通过相互依存的人际网彼此连通的，我们的工作效率最终取决于我们引导、激发和服务于我们的人际关系网的能力。可以说，人际关系是关系中的关系。

想象一下你的工作，如果你是一名经理，你是否有权调动完成工作所需的一切资源？或者，如果你在一名经理的领导下工作，他是否有权调动团队高效运行所需的所有资源？我的猜想是，如果认为自己拥有这样的权力，那么你低估了自己在组织中可能发挥的影响力。问问你自己，为了达成工作目标，你最依赖且在你的权力链条以外的人都是谁？很有可能，除了你的直接下属，你需要依靠许多人来完成工作目标。然而，我们中的许多人，无论是管理者还是普通员工，依然执着于“谁说了算？谁是掌权者？”这类问题。

如果继续按照旧的原则工作，我们可能会错过发展机遇。为了完成工作目标，我们绞尽脑汁地获取种种资源的控制权，为此花去的每一分钟都是对宝贵时间的辜负。我们本来可以用这些时间在所谓的权力范围之外建立与他人、与资源的联系，共同创造真正的价值。我们会因此找到相互帮助、培养新能力、取得新视角的办法，这能帮助我们成就更高的目标。完全彻底相互依存的时代要求我们投身更深层和更丰富的人际合作。这类合作的对象通常是我们职权之外的合作者，合作的目的是实现我们的使命，推动组织前进。

总而言之，无论在工作中的头衔是什么，我们都应该把自己视为领导者和创新者，都必须展现出积极主动的一面，鼓励更深层次的合作。只有这样，我们才能为自己的事业发挥全部的创意和才华。

行业的颠覆离不开前所未有的创新。其速度之快、规模之大，远不是传统组织的藩篱所能束缚的。我们需要一种根本的、心智模式上的转变。只有这样，我们才能拥抱跨越边界的创新挑战，这既包括公司内部的挑战，也包括公司外部的挑战。适应未来的领导力需要专注地为每个项目找到“真正”的团队成员，与这些成员共赢，提出独树一帜的解决方案，取得非同凡响的成果。

塔米·欧文

威瑞森商业集团
执行副总裁兼首席执行官

“我的团队里都有谁?”

无论与哪一支团队合作，我都问过他们这个问题：“此时此刻，哪些人是你实现目标最不可或缺的助力者？不要考虑他们在组织架构中是否归你管理。”这些人就是你的团队里该有的人。无论在管理架构中向谁汇报工作，他们都属于你的团队，需要你发挥自驱型领导力，来领导他们共同达成目标。

桑迪立刻明白了我问的是什么。问题在于，她手头的项目太多了，所以她的潜在团队成员太多了。这让她不知所措。

我对她说：“这样的话，你可以先找一个切入点，选择一个重点项目，确定一个非他不可的人选。也就是说，这个人是项目成功不可或缺的人。你要从这个人开始。你想好从谁开始了吗?”

桑迪立即想到了销售部的简，她就是那个人。然而，由于各种原因，想要和简共赢，与这位不好打交道的同事建立更深层次的、彼此关怀的纽带，似乎是不大可能的。

一开始，桑迪对简疑虑重重，而简的所作所为丝毫没有减轻桑迪的担忧。简不仅屏蔽了桑迪的信息，还故意不邀请她参加销售部薪酬激励计划的讨论会。简的做法说明，她根本不想让桑迪插手销售部的薪酬奖励计划。这一切加剧了桑迪对简的疑虑。桑迪心里的不满越积越多。

桑迪说：“你跟我说，要我像对待自己的团队成员一样对待她。可是，你也知道我是怎样对待下属的。我会支持他们，关照他们，指导他们工作。我会努力理解他们的目标，帮助他们实现这些目标。我会尽全力保护他们不受官僚主义和工作是非的侵害，帮助他们远离各种各样的压力。所以，你是在建议我用同样的情感和方式对待简吗？你是在开玩笑，对吗？别忘了，她正是我要保护团队、想方设法远离的那个是非之人！”

我告诉桑迪，我完全没有开玩笑。为了真正担起领导者的责任，无论对简有怎样的疑虑，桑迪都必须接纳简。我对桑迪说：“在我们的职业生涯中，每个人都会遇到与自己合不来的人。尽管如此，但是我们还是要与他们合作。只要一起努力，就一定能找到办法让工作有进展。你现在就是要想出办法，让你和简之间的关系有新进展。”

我知道，让桑迪接纳简，把她当成自己团队的一员，这是很难做到的。毕竟，桑迪一直把简看作难缠的竞争对手。通常来说，共同的经历是人们建立感情纽带的基础。然而，桑迪和简没有共同的经历。想要和简共赢，桑迪就必须从零开始，和简建立亲近的关系，这是很难做到的。

我收养了两个男孩儿。年纪较小的那个在 12 岁时走进了我们的生活。我们并不是他的亲生父母，也没有看过他蹒跚学步。当他好奇地提出人生中的第一个问题时，我们不在他身边；当他撒欢淘气的时候，我们并不是追在他后面的人。当他有一天成为我们的家庭成员时，我们别无选择地要像爱自己的儿子一样爱他。即便他常常大发脾气，对我怒吼着“你永远都不会成为我的父亲”，我也选择爱他。来到我家之前，他换过多个收养家庭。他不愿意让又一个家庭唤起他对生活的希望，然后希望再次破灭。对他来说，这样的折磨发生过太多次了。

我知道这很难，但我竭尽所能地用爱、关心和理解去包容他。无论怎样，他都是我的儿子。这是我对他应负的责任，也是我对自己应负的责任。我要毫无保留地付出全部。我知道，对我们俩来说，这是一件困难的事。但是，如果不能率先投入和承诺，我就完全不可能与他建立关系。这样，他的成长和我们家庭的进步就无从谈起。

我提议桑迪先迈出第一步，主动接纳简，然后接纳简的销售团队，把他们变成自己团队的一分子，一起把事情做成。实际上，桑迪和简确实有共同的目标，这是桑迪无法否认的，她们同样肩负着推动公司业绩提升的责任。

然而，当时的情况是，桑迪还没有这个大局观。来自上层的压力逼迫着桑迪，她的困扰是简的项目会让人力资源部难堪。因此，她从未认真想过，实际上，简的计划可能具备更高效推动销售业绩的要素。

我告诉桑迪："就算销售部输了，这场游戏也没有赢家。你和简难道没有共同的使命吗？它要求你们找到办法，通过薪酬激励计划推动收入增长，通过创新打败竞争对手。难道这一使命不足以让你认真地想一想吗？你甚至从未和简，还有她的团队一起讨论过更好的方案。"

我鼓励桑迪像对待新来的下属一样对待简，像欢迎团队新成员一样欢迎简。我知道，这一直是桑迪擅长的。我建议桑迪主动接近简，并且必须怀着这样的想法："为了保证你顺利制定奖金方案，帮助你的团队在即将到来的销售季提高业绩表现，我能做些什么？我应该如何帮助你的团队控制成本、提升收入，加强整个公司的力量？"

桑迪换了一个不那么意气用事的角度看待简和整件事，她立即发现了一个近在眼前的机会。桑迪说："也许，我们可以主导多赢的局面。"

关系的觉醒原本就是共赢的第一步。你必须先做好颠覆自身想法的准备。单打独斗能取得的成果毕竟有限，要想取得更大的成就，就必须把好奇心摆在自我意识之前。不要偏执地认为，只有自己的方法才是对的。要保持头脑开放，允许团队中有些人的想法远胜于你。

当天快下班时，桑迪去了简的办公室。这是她第一次像对待自己的团队成员那样和简对话。首先，她为先前一厢情愿的做法表达了歉意。桑迪问简，可不可以抛弃成见，为两人的关系按下重启键。

随着对话的深入，简开始慢慢地敞开心扉。她告诉桑迪，实际上，之前在销售团队召开薪酬激励计划会议时，她确实刻意回避过桑迪。但是，那样做是因为简为自己团队的投入度不够感到难堪。这让桑迪惊讶不已。销售代表的季度业绩大幅缩水，这让简十分担心。她担心自己的计划可能会被延误，担心无法快速实施计划，影响到季度业绩。

桑迪和简本来就是风雨同舟的关系。她们接受了彼此，成了彼此的团队成员。她们卸下了防备，投入更多时间和精力，专注于真正需要完成的使命。

在接下来的几天里，桑迪和简——还有她的销售团队——集中精力攻关薪酬计划。有了人力资源部的代表桑迪在场，一些销售团队成员对这个项目变得更加用心，因为他们可以借此机会提出影响销售业绩和薪资的其他问题。人力资源部和销售部组成了一支共赢团队，他们开足马力，很快就制订了一项部门级别的薪酬激励计划。它作为一项补充计划被纳入人力资源部的整体计划。其他部门复制了销售部计划中的一些要素，有些部门还加入了自己的创新。在桑迪积极主动的参与下，各个部门主动分享各自计划中的要素，这家银行终于完成了薪酬激励体系的整体转型，人力资源部的形象也得到极大的提升。

桑迪和简联手为所在组织打造了一套全新的、兼顾不同部门特点的激励机制。假如桑迪一开始没能改变关于“我的团队里都有谁”的观念和认知，这一革新成果就无从谈起了。

应对变革带来的挑战，需要发挥全员的力量。最终胜出的组织必须在形成决策时，在根除“这不是我的工作”的错误观念时，体现出更广博的包容性。最优秀、最聪明的员工一定能够与团队成员共赢，与那些完成任务必不可少的人——无论他们是谁——打成一片，共同完成使命。没有哪项技能比建立和领导跨部门和跨职能的团队，并实现突破性成果更重要的了。

米林德·梅希尔

YieldStreet 公司
创始人兼首席执行官

原则 1 的实践方法

在发挥自驱型领导力时，我们要考虑到可能对实现目标发挥关键作用的每一个人。接下来，要把他们纳入我们的团队。这是独一无二的机会。它能帮助我们摆脱我们可以控制的资源所固有的种种限制，转而考虑我们想要形成怎样的影响力。

但是，应该从何处做起呢？具体任务是什么？如何推进？也许你身在销售部，想要把产品团队和营销团队的人纳入自己的团队，重新做出整体设计，推动产品上市。或者你的部门和其他团队之间存在某种摩擦，你想清除它，清除眼前最大的障碍，就像桑迪那样。每一位企业领导者都希望员工尽可能树立更高的目标，创造突破性成果，灵活应对新的市场压力。做到这一点的唯一途径，就是让每个能为达成使命做出贡献的人联合起来。

如何开启共赢的征程？如何成功地迈出第一步？如何通过最佳路径组织每一支共赢团队？以下是可供参考的“正向”实践路径。

先关注团队中的“正向”实践路径

发挥自驱型领导力并不一定都要经历桑迪经历的事。我建议你一开始就找一位你能施加积极影响的人一起实现共赢。确定双方都重视的目标。先为此确定一个大致的框架，选定一个最有可能理解这个框架的人。更好的做法是提前建立共赢关系，而不是等到需要时才行动。面对自己尊重的、愿意与之共事的同事，我们越是花时间与他们培养和发展关系，将来就越容易邀请他们加入团队，共同迎接挑战，完成雄心勃勃的目标。

接下来，把你的关注点转向潜在的合作伙伴和新的团队成员。他们是能帮助你快速实现积极转变的人。不要浪费太多时间尝试说服那些观望者。在帮助大企业做转型项目的过程中，我发现，首先要与积极正向的人形成向前的合力，让观望的人看到好的成绩，反对者慢慢地就会被吸引过来。

检查你的焦点优先级

有的时候，你别无选择。你只能在危机中行动，在每个人都觉得深陷困境时动手组建自己的团队。对简和桑迪来说，留给她们权衡合作利弊的时间并不多。她们只能放手一搏。

你最大的压力是什么？是什么让你夜不能寐？是什么让你念念不忘？想借助共赢解决问题，究竟该从何处入手？就像简和桑迪一样，你可能也会发现，形势的紧迫性可能会助推你们找到必要的纽带，形成建设性的共赢关系。

找到那些你真正仰慕的人

我们每天都会遇到了不起的人，他们能帮助我们提升自己，更好地实现目标。下次出席项目会议时，请不要埋头回邮件或者琢磨轮到自己发言时怎么说，要注意听那些最有趣的人的讲话，并且做好笔记。你有没有想过，和自己仰慕的人一起创造一番事业？这样做不仅是为了项目本身的影响力，还可以帮助我们提升工作体验，巩固彼此的关系。有没有哪个人特有的知识或者独特的背景是值得你学习的？你有没有发现哪个人其实是深藏不露的高人，但一直没得到公司的重用？如果带着一项创意找到他，你真的有可能激发出他巨大的潜能。如果你想实施真正具有突破性的想法，谁是完成这一使命最完美的搭档？快去把他拉入你的团队吧！

通过远程协作实现共赢颇具挑战性。为了和远程工作的团队成员保持联系，我们需要付出额外的努力。电话会议或者视频会议都是常用的手段，它们能帮助你和你想深交的人熟悉起来。在远程会议结束后，你们应当立即追加一次单独通话或者会议，可以畅所欲言。通常情况下，在电话会议结束后，如果没有硬性要求，人们很少会追加一通电话。所以，只要多迈出一步，你就会脱颖而出。

找到那些你能帮助的人

只要适当地加以引导或鼓励，每位同事就能提高自己的工作表现。只要真正全身心投入某个使命或项目，你就会发现，有些人的表现拖累了整个团队。在这种情况下，为什么不像那些优秀的领导者那样去指导他们呢？你要为这些人的工作带去积极影响，并把这当成你自己的责任。这样一来，你也在积极推动自己的工作或目标。

只要开辟了讨论、积极合作和共赢的通道，接下来发生的事就会让你大吃一惊。与团队成员共赢不仅可以为团队带来更大的成就，还有助于你提高自身的业绩，纾解你积压已久的挫败感——没人应该一直抑郁下去。

直面你回避的人和问题

承认吧，有一个项目你一直在拖延。每个人都是这样的。你有过拖拖拉拉的情况吗？是因为它太难，你毫无办法？是因为你太害怕失败？还是因为你不知道从何做起？

也许问题不在于某件事，而在于某个人。也许他（她）是触动你情绪燃点的关键人物，或者反过来，你总是会触碰到对方的情绪燃点。也许你觉得自己一直在和对方进行着某种情绪上的博弈，无论你们的分歧是公开表达的还是讳莫如深的。如果是这样，请把它看作双方关系可以得到改善的标志，然后直面你们的问题。我们有时会刻意回避一些人和事，但这些人和事可能恰恰是我们成功的关键。爱默生在他的文章《英雄主义》（“Heroism”）中道出了这一公认的智慧：“去做那些让你害怕做的事吧。”

关系行动计划（RAP）

越熟悉和适应这种团队建设方法，我们就越想通过共赢来完成更高规格的工作，并把它变得更加体系化。当还是德勤公司的一名年轻高管时，我设计过一种快捷的关系管理系统，我把它叫作“关系行动计划”。从那时起，我把 RAP 教给了许多首席执行官（还包括几位总裁候选人）。我还把它用于自己的绿讯，作为我们设计和管理共赢团队的工具。

借用管理大师彼得·德鲁克的话来说，“能够管理的，一定是能够衡量的”。一旦在多个项目上与多个人开启了共赢关系，我们就希望把 RAP 用在每一个项目或者每一支团队上。首先要制作一张列出优先级的清单，罗列出正在进行的项目中各种最重要的关系。然后问问自己，“这项 RAP 的具体目标是什么”。做好笔记，确定你希望与共赢团队的每一位成员共同创造的具体成果。想要成功，你需要谁的支持？

对每一个项目或者任务而言，初始 RAP 列表以 5 到 10 人为宜。以桑迪和简的故事为例，她们的共同使命是制订一个尽可能完美的薪酬激励计划，激励销售团队实现更高的销量，提高业绩，让组织变得更成功。桑迪和简不约而同地把各自的上司放入 RAP 列表。接下来，她们在销售团队内部找到几位关键的影响者。想要真正理解销售代表的动机，她们必须借助这些人的知识。例如，地域差异有可能影响销售代表的反馈吗？随着理解的深入，她们在 RAP 列表中加入了更多人。

因为项目的重要程度不同，所以，首先按照重要程度为 RAP 列表分类。接下来，在每一项 RAP 列表中详细记录你与每个人关系的质量，按照“共赢状态”的标准为每个人打分。

按照“共赢状态”的标准，绝大多数关系可以归为五类。最常见的一类是共存状态，大多数工作关系都是共存式的。在共存状态中，人们共同完成工作，但彼此敬而远之，互不干涉。即使是同一个团队的成员，也有可能处于共存状态。

通常情况下，我们默认工作关系还会进入下一个状态，那就是合作状态。当发觉仅凭自身把控的资源和职权无法完成工作时，我们就会进入合作状态。人们会在迫不得已的情况下选择这种状态。只有在不得不合作时，人们才会选择合作状态。而且，合作状态的存续时间仅限于合作的必要性存在的时间。也就是说，它会回归先前的状态，即共存状态。

如果合作变得过于困难，人们通常会再退一步，进入第三种状态，我称为抵制状态。它通常表现为，我们与团队成员或者与同事之间的紧张关系和压力。当处于抵制状态时，人们会消极应对，或者有意回避真正意义上的协同合作。即使因此错失了更好的成功机会也在所不惜。

如果不存在个人之间的信任和友谊，当合作的尝试遭遇挫败时，人们之间的关系会进入怨恨状态。在这种状态下，人们会收回进一步推进工作或者发展个人关系的所有努力，只做表面文章，就像缩回壳里的乌龟。

共赢状态是五种状态中的最后一种，也是终极状态。它极为罕见，堪称变革型关系中的“圣杯”。在所有类型的关系中，共赢状态是我们应该努力追求的。

一旦熟悉了每种关系状态的特性，你就可以使用下面的数值为每种关系简单地打分：

−2　　怨恨状态

–1　　抵制状态

0　　共存状态

1　　合作状态

2　　共赢状态

假设一下，你为财务部门的鲍勃打了 –2 分（怨恨状态），因为你和他的关系一度特别紧张。如今，在一个至关重要的项目里，你发现鲍勃属于你的团队。你要主动修复和鲍勃的关系，无论你们的问题是什么。只有这样，你才能提升你们之间关系的质量，迈向共赢状态。

发挥 RAP 的作用

RAP 聚焦了工作上的关键关系，能帮助我们把握最重要的关系，这些关系是优先项目里需要我们密切关注的。拥有多个 RAP，可以让管理工作事半功倍，帮助我们优先处理最需要关注的职场关系和最需要关心的共同目标。

追踪这些指标可以帮助我们密切关注自己与每个人的关系的进展，同时关注人际关系的总体发展情况。把 RAP 分数加起来，再除以人数，得出的平均分越接近 2 分，说明你做得越好。例如，在使用 RAP 与多支团队实现共赢的几个月里，桑迪惊喜地发现，她的 RAP 总体平均分慢慢地从 –1 升至 1.6。这是辛勤付出带来的回报。

这种衡量关系的方式可以避免人际关系停留在“走过场”的阶

段。对我来说，它能标示出各种关系的重要程度。我有时会把 RAP 得分分享给与我处在共赢状态的伙伴，提出我希望双方共同实现的目标，然后一起讨论。比如，我可能会去找奈尔斯，对他说：“我记录了这个项目中最重要的几种关系。我要充满歉意地告诉你，我之前没有真正把你和你的伙伴放在应有的位置上。这是我的错。现在，我希望能和你一起改进咱们的关系。”

我们张开双臂欢迎共赢。它帮助我们打破了哈得孙湾公司长期存在的管理孤岛。共赢倡导的是一种有担当的文化。在这种文化中，我们不仅要做好自己的本职工作，还要把责任心的范围扩大到整个组织。只要是能推动组织向前发展的工作，我们就应该积极主动地做好。只有心往一处想，劲儿往一处使，竭诚为用户服务，我们才有可能获得成功。我们不要边界，更不要孤岛。

海伦娜・福克斯

哈得孙湾公司
首席执行官

社交商，职场共赢的关键

在薪酬激励计划成功后，桑迪升职了。她又接手了一个新项目，旨在把人力资源部从功能性的从属角色转变为业务发展的关键驱动器。这也是人力资源领域一次方兴未艾的全球性运动。桑迪从此成了这一问题的专家和极受欢迎的演讲者。

在桑迪和简彼此接受并成为团队伙伴之前，她们之间只存在相互对立的紧张关系。她们代表的是职能部门与业务部门的对抗。和大多数行业一样，她们所在的行业同样承受着空前的压力，包括削减成本的压力。这主要是因为，资金充裕、人力成本低廉的金融科技初创企业从传统银行抢走了年轻的客户。整个银行业四面楚歌。放眼四大科技巨头，无论是谷歌、苹果、亚马逊还是脸书，它们都是要么提出了类似银行产品的计划，要么推出了类似的产品。这些产品都会进一步挤压银行业的利润率。

为了应对这些威胁，桑迪和简所在银行的领导者需要通过人力资源部控制成本，通过销售部提高收入。实际上，这家银行想要通过渐进式的改良实现颠覆性的结果，这是注定要失败的。对桑迪和简来说，如果困守在各自的孤岛，相互仇视，她们就不可能打造出有效的全新的薪酬激励计划。她们首先要改变的就是两人的关系，接下来，她们必须成为肩负共同使命且能共赢的团队伙伴。

在桑迪和简第一次见面之前，我建议她准备好要对简说的话，在会议结束时对简表达感激之情。这个想法让桑迪懊恼不已，她说："现在我还做不到这种程度。"桑迪还提到她和简的宿怨。我并没有强求桑迪，只是希望她能把会面后的感激之情写下来。如果不想给简看，给我看看也可以。一个星期后，当桑迪坐下来写下这段文字时，她惊奇地发现，她心里居然真的充满了感激。

感谢简在过去一个星期里的帮助。我成功招募了几位关键的销售人员加入我的工作小组。如果没有简，我至今还不得其门而入。

我只对综合薪酬制度的设计工作略知一二。我非常感谢简为我带来了销售领域的丰富经验，这是我之前并不具备的。

感谢简，在自己忙得不可开交的日日夜夜里，挤出时间帮我理顺了这项工作。

有一天，简用了一种特别的方式听我把话说完。那种方式帮助我们搭建了新的激励机制。不仅如此，这种机制没有背离公司的任何规章制度。对此，我真心地表示感谢。

说实话，我真的非常感谢简能成为我的合作伙伴，与我并肩工作。短短几个星期前，我还身处困境。而现在，我已经取得了真正的进步。

最终，桑迪还是在见面时把这封短信交给了简。她还把另一个润色过的、言辞更加得体的版本发给了销售部的负责人——也就是简的老板。她们之间的关系得到了极大的改善，以至没人相信这是真的。桑迪接受简成为自己团队的一员，她能信任简，倚重简，这在几个星期之前是完全无法想象的。

这则故事美妙得无与伦比，但它真的算不上非比寻常。只要问问自己，“我的团队里都有谁”，这样的好事就可以发生在你我身上。

职场旧原则：你的团队成员仅限于那些向你汇报工作，或者向你的主管经理汇报工作的人。

职场新原则：你的团队由很多人组成，他们既包括组织内部人员，也包括外部人员，凡是对你完成项目、实现使命发挥重要作用的人，都是你的团队成员。

职场旧原则：工作关系会随着时间的推移而产生，工作关系的加深没有必要刻意努力。

职场新原则：必须主动而真诚地同我们团队中的每个人培养工作关系。它是协同合作和提高工作效率的新能力。它对更高效地完成工作至关重要。

原则 2
不为自己找借口

我们要解决他人没有解决的问题，创造他人从未想到的事物。为了做到这一点，我们需要这样的人：他永远不为自己找借口，在创新中发挥领导力，在必须把事情搞定时发挥自驱型领导力。创新型领导者会在工作中完成自主学习。这意味着，他们会做出各种各样的尝试，例如：速写原型、干试验、A/B 测试等。他们会从成功的试验中学习，更会从失败的试验中吸取教训。对创新者来说，每一次出乎意料的结果都是一次新的学习机会。

斯科特·库克

财捷集团
董事长

“至少要 5 年!”

这是一位叫吉娜的急诊室医生得到的答案。她在洛杉矶的一家医院工作。吉娜提出的问题是：想要升到管理层，至少要等多久?

吉娜 31 岁，她认为自己已经做好了准备，可以在医疗领域大显身手。她在市中心繁忙的医院一线练就了出色的技术。如今，她希望向前一步，更深入地影响医疗政策和整个医疗行业。

吉娜告诉我：“我想帮助人们重新思考医院的管理工作。这不仅限于我所在的医院，我说的是整个医疗行业。这是我真正的热情所在。我想切实影响医疗工作者看待患者的方式，促成真正的变化。”但是，她的上司告诉她，想要进入医院高层，成为一名管理者，至少要等 5 年。

我们当时正在 WeHo Bistro 餐厅吃早午餐，那里距离我在洛杉矶的住处不远。吉娜认识我的一位朋友兼客户，我很高兴和她见面，聊聊她的工作。

我对吉娜说：“好吧，我们谈一谈，怎样在 3 年内达成目标，而不是等上 5 年。我们可以把你的目标分解为三步。首先，你正在帮助你所在的急诊科室成为医疗行业的领军者。其次，你会帮助整个医院成为行业领头羊，这样一来，你的工作就会得到足够的认可。再次，你可以走向最后一步——帮助整个医疗行业重新设计患者护理工作。我的理解对吗？”

吉娜赶紧摇头，好像我说的是一堆疯话。她说：“我已经问了一大圈。每个人都告诉我，至少要等 5 年，这已经是最保守的估计了。医疗行业从未有过 5 年之内升入领导层的先例。”

我听过太多类似这样的反驳了，例如，“你的主意对我们这个行业根本不适用”，“你不懂我们这里是怎样做事的”。这些都是废话，永远都是。事实上，科层文化危害最甚的组织恰恰是最需要从上到下实施变革式领导的组织。医院就是个最好的例子——如果不能顺应时代，医院将在面对变革、颠覆和竞争时变得不堪一击。僵化死板的层级制度无法承受低效工作的重负，只要有人站出来，发挥自驱型领导力的作用，积极效果就会立即显现出来。

只有像共赢的领导者那样思考和行动，我们身上的领导者潜质才能被发现。这种发现，宁早勿晚。这是我想通过本章传递的一条最重要的信息。无论你在组织里的地位是高是低，成为领导者的唯一途径都是实施领导。现在就开始，在获得一项工作之前，先把这项工作做起来。这个选择完全掌控在你手里。开始领导的第一步是从内心深处相信一点：全靠我自己。

把责任当作机会

谈了半个小时之后，我可以确信，吉娜真的为在医院里形成巨大影响力做好了准备。她整个人散发着自信、热忱、聪慧和旺盛的精力，这些都是成为卓越领导者的必备特质。她清楚地知道，她要成为一名患者护理工作的倡导者，这与她所在医院的愿景完全吻合。吉娜感到，她所在的急诊室需要更好的管理，有实实在在的问题悬而未决。吉娜想承担起解决这些问题的责任。这正是她获得升迁的契机。

我问吉娜："假如给你一根魔法棒，你最想提升部门里哪个人的业绩？假如急诊室里的每个人的工作突然变成了满分，谁的改变贡献最大？"

吉娜想都没想，直接说出了戴文的名字。戴文是急诊室的一名护士长，他的工作职责很广泛，包括管理医疗用品的供应，但他似乎并没有做好这项工作。有些医疗用品经常断货，急诊医生和护士们不得不手忙脚乱地跑到别的科室去借纱布垫、检查手套、消毒湿巾等等。

我建议吉娜想办法帮助戴文，帮他提升医疗用品的管理工作。我说："如果你能帮助他解决医疗用品短缺问题，患者护理工作可能会变得大不一样。这是个很好的开始，也是你发挥领导才能的好机会。"

帮助戴文？吉娜把头摇得像个拨浪鼓。她说："那可不是我的工作。"她还补充说，戴文是个脾气古怪的大叔，已经在这家医院工作25年了。"我平时都是绕着他走的。"

我提醒吉娜，她刚刚找到了切入点。这个人正在消极地影响急诊室的工作，降低整个科室为患者服务的能力。但吉娜的态度非常坚决。她说，戴文绝对不会好好对待任何一个试图帮助他的人。有几位资深医生提出过医疗用品供应的问题，但他们谁都没敢和戴文谈这个问题。

那是我和吉娜第一次见面，我不想把她吓跑。但是，我不得不向她传递一个强硬的信号。我想让吉娜知道，我非常关心她，关心她面对的挑战和她的未来。于是，我降低音量，换成更亲切的语调。

我轻轻地对她说："吉娜，戴文没有问题，问题出在你身上。"

我请吉娜好好想想：她害怕和戴文说话，这可能带来怎样的影响？这意味着吉娜置患者于不顾，置急诊室和整个医院的工作于不顾。吉娜刚对我说过，改善戴文的工作对医院有益。现在，她却说自己对此无能为力，因为那不是她的工作。

我提醒吉娜："每一位医生都曾宣誓'不可伤害病患'。为什么要让事情的进展卡在你身上？你这样做，和守财奴埃比尼泽·斯克鲁奇囤积钱财有什么两样？”

吉娜的反应非常激烈——我很欣赏她这一点。她说：“我根本不知道怎样让戴文工作得更好。如果连我自己都不知道怎样解决这个问题，我又怎能走到戴文面前，告诉他应该这样解决医疗用品管理问题？”她接着问我：“就算我懂得解决问题的好办法，他也不会乖乖听我说话。我太了解戴文了。他会变得高度警觉。每当有人对他的工作说些什么时，哪怕完全不带指责的意思，他也会跳起来。”

我听吉娜一条一条地罗列戴文需要改进的地方，以及她为什么不肯施以援手的理由。我告诉吉娜：“坦白讲，我根本就不关心戴文。让我们把焦点集中在你身上！如果坐等对方主动改变，也许你只能听任自己的职业发展停滞不前了。就算有人指责你，说你没有服务好患者，你也只好乖乖听着。”

我无数次听到人们抱怨：“无论如何，他们都不肯听我的。这根本行不通。”这是推卸责任最常见的借口，尤其是当人们为本职工作以外的工作承担领导责任时。但真正的领导力并非告诉别人做什么，而是邀请别人加入你，鼓励和激发人们对每一种新的可能性的兴趣。

真正的领导者不一定通晓一切，实际情况甚至恰恰相反。最优秀的领导者往往有着宽广的胸怀，他们会邀请别人一起寻求问题的解决方案。真正卓越的领导力意味着成人之美，真心实意地关心他人的成功。同时，还要相互学习，共同成长。所有成功的领导者都是如此。但是，至关重要的一点在于，一定要学会在不拥有职权的时候领导他人。

我告诉吉娜："我并不是建议你冲进急诊室，对戴文讲上一番大道理，告诉他怎样更好地管理医疗用品。你要做的只是提出恰当的问题。"我接着告诉吉娜，她没必要等到搞清楚所有医疗用品管理问题的答案，再迈出成为领导者的第一步。她只需要接受一点：和戴文建立共赢关系，找到问题的解决办法。这一切全靠她自己。

掌控你的关键关系

我提醒吉娜，也许戴文早就意识到自己工作中的问题了。但是，也有可能，他认为那是他自己的问题，他自己会解决——就算他不知道怎样解决也无所谓。或许，他曾经尝试过解决这个问题，但是没有太多好办法。戴文即使不愿意寻求他人的帮助，也是情有可原的。也许他不想拿自己的名誉冒风险。有时候，每个人都会这样做——我们不敢触碰那些明显存在的问题，因为我们不确定自己有没有能力去解决。

看得出来，吉娜听进了我的话。我很怀疑，这是不是她第一次真正对自己成为领导者的能力有所觉察。她说明了自己的首要目标——提升急诊室的患者护理工作水平。接下来，她圈定了戴文作为第一个可以招募进入自己团队的人。这支团队将帮助她成功实现她的目标。她第一次看到，与同事的关系转变可能带来成为领导者的良机。

这种关系的成功建立代表着新工作环境中一项新能力的形成。它是应对剧变不可或缺的能力。在现代工作和生活中，各种关系错综复杂，容不得我们“佛系”对待。恰恰相反，我们只能真心诚意地主动培养各种关系，并且时刻牢记，我们想通过这些关系完成哪些具体任务。

我建议吉娜主动结交戴文，让戴文了解她。她应该暂时放下之前对戴文的偏见。只有这样，她才能发现，在戴文的工作和生活中，最重要的是什么。每当面临这样的情况时，我都会发现，最好的启动方式是征求对方的建议。你想了解对方哪一点，就从哪一点提出问题，征求他的建议。

我建议吉娜：“多了解戴文的一天，问问他的工作，甚至可以问问他的个人爱好。但是，一定要让对话保持正向，不要触碰职场里的无聊八卦。多多赞许他的工作，但一定要言之有物。假如要去食堂吃饭，你可以问他用不用帮他带一杯咖啡。下次去吃饭，你可以问他要不要一起用餐。多从戴文的工位旁边经过，多去熟悉他。如果能邀请他共进午餐，那就更好了。和他聊聊周末都干了什么，聊聊你自己。告诉他，是什么原因让你选择做一名医生。或者，和他聊聊和纽约相比，你更喜欢洛杉矶的哪一点。把自己放在明处，亮出自己脆弱的一面。让戴文感觉你是个可以接近的人。最重要的是，要让他觉得，你对他充满了兴趣，你对他的兴趣爱好和个人生活充满了好奇。最终，你一定能找到办法和戴文共同提升和进步。你一定要把他纳入你的团队。”

卓越的领导者都懂得这样做的重要性。Popeyes（美国炸鸡品牌）首席执行官谢丽尔·巴舍尔德曾经主导过一次彻底的变革，改变了每一家 Popeyes 餐厅的面貌。巴舍尔德强调了这种关系建设的重要意义。巴舍尔德在著作《勇于服务》（*Dare to Serve*）中提出：“你对那些为你工作的人了解多少？你能不能说出他们生活中的三四件大事，大到足以塑造他们今天的面貌？”[1] 只要有了这样的洞察力，领导者就能理解团队成员的动力所在、渴望所在，就能更好地引导对话，更有效地避免误解。

我继续不停地给吉娜出主意。我笑着问她：“洛杉矶人要么喜欢下厨房，要么喜欢做瑜伽，他喜欢哪一样？”我告诉吉娜：“戴文有可能会向你倾诉他在生活中遇到的困难。”

吉娜对我的话将信将疑。在她心里，戴文是一个很难相处的人，是一个她宁愿绕着走的人。和戴文交谈让人感觉如履薄冰，而我却建议她主动了解戴文。

“你真的认为他会敞开心扉，和我交朋友吗？”吉娜问。

我回答：“根据我的经验，大多数人都会这样。”无论组织里的不安全感和科层制度带来怎样的阻碍，人们内心深处都渴望在工作中建立更亲近和更值得信赖的关系。人们渴望在讨论和解决问题的过程中获得别人的帮助，同样，也愿意帮助别人解决问题。但是，只有围绕信任和真正的关心建立关系，互帮互助才有可能实现。如果彼此疏离，人们就不会接近对方，不肯开展合作。如果无法获得安全感，人们就会把自己封闭起来。

以戴文为例，我可以负责任地说，在和吉娜建立起更强的信任关系之前，他不可能有职场安全感，因此不会向吉娜透露什么。我告诉吉娜："随着你和戴文的合作越来越紧密，随着你们互相帮助、共同成长和发展，你对他最有效的鼓励就是庆祝你们共同取得的进步。告诉他，你钦佩他哪一部分工作。无论他取得了何种成功，你都要发自内心地表达喜悦之情，但千万不要给人居高临下的感觉。"

吉娜点了点头，她觉得这很合理。她一边听，一边记着笔记。

"你们用一段时间加深彼此的认识，建立起一定的信任，这为你们的关系开了一个好头。接下来自然会进入下一个层次：研究怎样共同提高急诊室的工作水平。一开始，你可以告诉他，你想成为一名更好的急诊室医生和更有力量的领导者，你想更好地服务患者，提升医护工作的整体水平。你可以向他请教，问他有没有好办法帮你实现这些目标。你也可以向他提出一些比较粗浅的建议——但是先不要把他如何提高医疗用品订购效率的问题当作重点。征求他对这些建议的看法。要和戴文对话，而且要真正有来有往地对话。你可以通过对话抛出自己的想法，倾听他的想法，寻求他的反馈意见，并给出你的反馈意见。这样的合作理应成为你建立每种关系的基础。你们的共同使命是建设更好的急诊科室，你们理应为此共同寻求解决之道。它也会成为你们期盼着共同完成的一件大事。你想要的是长期持久合作，这是共赢关系最核心的原则之一。我敢保证，只要一步一个脚印地开展工作，你们就一定能在工作中发现更好的想法。

"为了提升急诊室的工作，你们会提出各自的想法。一旦适应了这样的做法，你就可以着手寻求他的具体反馈意见，帮助自己实现专业方面的成长和发展。把你遇到的困难告诉他，征求他的意见。共赢的目标之一就是，实现更大的进步和更高的开放性，它是打开共同进步之门的钥匙。戴文工作时间久，经验丰富，你要多向他请教，聆听他对提高自身工作和业绩的看法。如果不认同他的说法，你只要说声'谢谢'就够了。因为你是在征求他的意见，而不是让他对你做业绩考评。如果戴文向你提出了建议，那么一定是出于慷慨。告诉他，只要他愿意，你就很乐意随时回报这份人情。

"从这里做起，你可以用同样的办法自然而然地过渡到急诊室库存管理系统提升这个问题上。你可以问问戴文，有没有什么你能帮助他的。想办法为他的工作提供支持和帮助。到了这个时候，你应该已经取得戴文的信任了，为了帮助他，你可以说出自己的观察和看法了。你可以告诉戴文，库存管理是个值得关注的问题。如果能把库存管理得更好，一定对科室大有裨益。问问戴文库存管理工作现状如何，告诉他，你非常希望深入了解这项工作。这样也许你能助他一臂之力，帮助他把这项工作做得更好。我所说的这些可以缓慢地进行，没必要一股脑儿立刻照办。如果戴文回绝了你，退后一步，把你们的关系建设得更牢固一些，更好地认识这个人。你的目标是一直坚持下去。始终牢记一点，你要日积月累地做好这项工作，循序渐进地培养这些技巧。"

不过，我还是提醒吉娜，也许这一切对戴文完全不管用。任何一种关系都存在多种可能性。迈出第一步的重要意义在于，如果不去尝试，你就永远不可能知道对方会不会成为一名好队友。我告诉吉娜，如果最终发现戴文不肯接受他人，那么，她可以把重点转移到别人身上，可以先解决急诊室存在的其他问题。

我说："我知道，刚刚对你讲了很多。但是，我描述的这个过程——与戴文建立共赢关系，或许还包括用同样的方法和他人建立这种关系——正是你着手引领医院改变现状的途径。也许，它可以让你不必苦等5年，也许你可以因此更快地走上领导岗位。"

吉娜点点头说："我想试试。"

等到那顿早午餐结束时，吉娜已经准备好迈出第一步了——更好地认识戴文，与他建立共赢关系。

我对吉娜说："放手去做吧，如果有机会，也可以试着做做戴文身边其他人的工作。从现在开始，让自己成为急诊室的领导者。我敢保证，你很快就会成为那里真正的领导者。"

最后，我又补充说："即使没能在3年内走上领导岗位，你也会在这几年的工作中学到很多东西，这本身就是在履行提高患者护理水平的使命。"

走出关系的舒适区

在接下来的几个月里，我一直和吉娜保持着联系。她经常和我分享自己取得的进展。她记住了要主动接近戴文，和他建立关系，这是她的责任。实际上，她已经开始和戴文建立共赢关系，而戴文还浑然不觉。为了把这件事做得更好，吉娜还结识了医院里一位德高望重的资深护士。对部门里的很多人来说，这位护士是一位慈母式的人物。吉娜想从她那里获得指导和建议，以便与戴文更紧密地合作。资深护士很乐意和吉娜聊聊她眼中的戴文。她刚认识戴文时，他还是个毛头小伙子呢。吉娜说服了资深护士，让她相信自己的意图是真诚的。于是，资深护士慷慨地给了吉娜许多宝贵的建议。

慢慢地，吉娜和戴文的交谈越来越多。一开始，他们主要谈论工作中遇到的挑战，后来终于聊到了他们自己。吉娜和戴文讲了自己的丈夫和宝贝女儿。戴文的孩子们早已长大成人，他和吉娜讲起了抚养孩子的往事。他们常常一起度过工作中的休息时间，或者共进午餐。随着彼此越来越熟悉，戴文开始把自己视为吉娜的师父。他们会讨论工作带来的挑战和内心的挣扎。随着关系慢慢加深，他们开始合作推进新的工作解决方案，提高了急诊室的运转效率。

慢慢地，他们越来越多地交换思路。吉娜常常向戴文请教，有时，吉娜提出的问题听上去很幼稚，这样一来，戴文会主动提出很多方案解决急诊室备货的问题。急诊室的医疗用品供应问题很快得以解决。

通过这个过程吉娜发现，她对医院的了解可能只是冰山一角，这和她最初的想象相差很大。她和戴文想出的很多解决办法都需要采购部和财务部的配合，而这些部门的工作远远超出戴文的管辖范围。吉娜和戴文在交谈中获得启发，他们决定把共赢关系扩展到更多部门的更多人身上。此时的吉娜感到很难堪，因为她曾经武断地把急诊室的备货问题完全归咎于戴文。

虽然和戴文素未谋面，但是，我在多年的工作中遇到过不下几百位戴文式的人物。他之所以敞开心扉解决急诊室的问题，完全是因为吉娜与他建立共赢关系的这个决定。他看到的吉娜是一位对急诊室的未来抱有殷切期望的人。而共赢也符合戴文的切身利益。无论发生什么事，吉娜都会为戴文撑腰。于是，戴文接受了吉娜的一部分建议。吉娜发现，戴文变得越来越不那么自我设防了，他对医院里的同事也越来越放得开。戴文还开始更自信地表达自己的好奇心，这带来了实实在在的工作成果。同样的一句“我不知道”，现在变成了一种好奇心的表达，而不再是对自己无知的放任。吉娜和戴文共同建立了真正意义上的共赢关系。

吉娜告诉我，她认为戴文需要一个能完全信任的人，与之重新建立关系。他们共同承担的任务并不是由上司指派的，而是他们自己发起和推动的。职位或权力并没有在这段关系中发挥作用。作为一名医生，吉娜在医院中的地位较高；而戴文拥有 25 年的工作经验，资历深厚。他们像队友一样紧密合作，全身心为急诊室的工作和对方的使命增加价值。

类似这样的共赢团队具有极其强大的力量。惠普、联想和麦卡特妮公司都研究过这种关系，它们表示，这一类型的动态关系深深植根于人性。《福布斯》杂志出版人里奇·卡尔加德、迈克尔·S. 马隆在他们的著作《如何创建天才团队》中指出：“虽然存在争议，但共赢的重要性甚至超过了语言能力。正是这一才能使得人类在林林总总的动物种群里脱颖而出。它的基础是人类与生俱来的一种认识：只有同他人联合起来，才能实现自身不可能达到的成就。”[2]

也许，这就是好莱坞拍档类电影受到热捧的部分原因吧，例如《48 小时》《末路狂花》《虎豹小霸王》《黑衣人》等等。它们讲的都是两个人被一同抛入不可思议的境地，继而随机应变结成同盟，像伙伴一样共同面对恐惧和挑战的故事。我们会自然而然地被这样的故事吸引。从某种程度上说，每一部拍档类电影实际上都是一个共赢的精彩故事。和现实生活中一样，拍档类电影的开头总是一个角色主动接近另一个角色，然后接近下一个角色。变革的火花就是这样被激发出来的。《悲惨世界》《永不妥协》《塞尔玛》《诺玛·蕾》《米尔克》《丝克伍事件》——这些电影讲述的都是一个人先获得另一个人的帮助，最终获得一个群体的帮助，他们战胜了困难，带来影响深远的变革。吉娜和戴文同样改变了急诊室的现状。他们和医院里的每一名员工建立共赢关系，全身心投入自己的事业——卓越的患者护理工作。

说到这里，吉娜究竟有没有当上领导？用了多长时间？上次和吉娜见面时，她告诉我，她用了不到两年的时间就得到了提拔！不仅如此，她还被提名为医院整体提升项目的小组成员。通过发挥自驱型领导力，吉娜在医院里赢得了极高的声誉。人们把吉娜看成一个有办法的人、一个有理想有抱负的人、一个能把事情办成的人。通过共赢带来的佳绩，吉娜充分显示了自己的领导才能，并且让每个人清楚地看到了这一才能。在吉娜的努力下，整个急诊室的职场文化发生了很大的转变。

每个人都有能力，也有机会在新的工作环境中站出来，成为领导者。我想说的是，我们都有责任这样做。对吉娜来说，这种变革是从她放下“那可不是我的工作”和“那个人很难相处”之类的借口开始的。我们每个人都有能力迈出类似的一大步，走上领导之路。现在就开始吧！

我们通过共赢提升团队管理水平，并通过它发现创新解决方案，解决种种更广泛的、跨职能的、多视角的业务问题。只要能挑起担子，与团队成员发展紧密的共赢关系，你就会发现，你能够克服过去看起来无法克服的困难。共赢带来的是一种实用的方法，无论是对人生的进步还是对事业的发展，它都是高绩效表现最坚实的基础。直白地讲，它很管用。

杰夫·贝尔

LegalShield
公司首席执行官

原则 2 的实践方法

你也许想说：“你根本不知道我面对的那个人是什么德行！”“你完全没有意识到，我需要做多少工作！”“你可不知道，我们这儿干点儿正事儿有多难！”“你说的这些和我的工作完全不搭界。”我帮助过的很多人——以及听我讲座的很多人——都说过这样的话。

如果这些话让你禁不住点头认同，那么请注意听，接下来，在我的帮助下，你会发现这些想法完全是自毁式的借口。它们带来的结果只有一个：让你陷入平庸。

实打实的压力、难对付的老板、业绩差的下属，我都能理解。这些借口大多数也是我用过的。但我不希望你们重蹈覆辙，为自己找借口。这样做的代价太高了。我知道，你一定很忙。我也知道办公室政治的真面目。我明白有些企业是如何阻碍和破坏工作主动性和创新式工作方法的。我也知道，从表面上看，保持低调，闷声做好自己的事，他人的事与我无关，这样能让人觉得更轻松，也更安全。

我都明白。但这些都不重要。

我们早已到达一个转折点，它让各行其是的做法变得不合时宜。如今，要想获得哪怕一点点成功，要想坚持不懈地推动变革、创新和自我重塑，我们就得跳出堡垒，主动靠近那些可以加入你团队的人。一旦找到，我们就要同他们展开合作：了解他们，共同奋斗，给出真诚的反馈和建议——并且保持开放的态度，从团队成员身上获取同样的反馈和建议。

不能坐等团队成员发现我们。

假如看到某个机会，我们应该投身其中，就像吉娜那样。如果看到别的孩子不知道怎样分享他们的玩具，或者不懂怎样更好地摆弄玩具，我们就应该和他们共赢，站出来，带着他们一起玩儿。

通过这样或那样数不胜数的方法，我们可以重新定义人际关系，扩大职场社交的边界，而这一切的起点是，意识到我们每个人都有责任这样做。它不是团队伙伴的责任，也不是上司、公司领导层或者组织文化的责任，它就是我们自己的事。简而言之，我们要通过自己的行动激发身边其他人的反应。共赢并不意味着双方必须事先取得一致意见。但是，说到底，决定是否与同事、上司、客户或者合作伙伴建立共赢关系的人是你。

要抛弃消极、仇恨和事不关己的冷漠，转而坚定地、充满活力地打造共赢团队，实现更大的成功，就必须具备这样的心智模式。

再举一个例子，它来自我的个人经历。上文提到，我收养了一个男孩，他在 12 岁时来到我家。他在融入我们的生活时遇到了不小的困难。他当时已经换过 15 个临时家庭，受到过太多次伤害，他会本能地拒人于千里之外。因为只有这样，别人才没有机会一而再、再而三地接纳他，又抛弃他。

如果我非要这个被吓坏了、内心充满愤怒、心理极其脆弱的小男孩向我妥协，这算是恰当而又理性的想法吗？当然不算！我是他的父亲，我的使命就是做个好父亲，好好照顾他。直面痛苦和挫折的人应该是我，竭尽全力的人同样应该是我。我必须代他去向老师求情，四处奔波寻求外界的帮助。我必须加倍努力，做好我的分内事。

在我们相处的过程中，虽然有时我做不到像个冷静的成年人那样行事，但我一直都明白，振作起来，再次尝试，这全靠我自己。有没有替代性方案？可不可以坐视不管，等他“长大懂事”？绝对没有！当然不可以！

如果你的使命非常重要，你同样不能等待。

在这里讲这个故事，并不是因为我把团队看作孩子，而是因为我知道，孩子和大人并没有什么两样。我们每个人，无论年龄大小，当形势需要我们坚定不移地引领和支持他人，帮助他人取得成功时，我们都应该做出积极的回应。

我也没有对现实的困难视而不见。恰恰相反，我想说的是，如果成功对你而言非常重要，那么，唯一能够克服成功路上重重阻碍的那个人只有你自己。即使面对的是最令人生畏的问题，我们也有百分之百的选择权决定如何应对。

吉娜发现，戴文的帮助能让她在工作中取得更好的成绩。同样的道理，我们也可以在生活中拥有这样的好表现。在完全投入与诚信的基础上，更多地成就自己和他人是真正领导力的要义之一。

想象一下，有这样一群高管，他们一边喝着啤酒，一边嬉笑着炫耀自己如何在公司报销账目中作假，连最基本的诚实都做不到。然而，在指导高管团队的经历中，我不断地听到这样的谈笑。在我看来，它们无一例外地令人反感。

假如你坐在一个会议室里，你相信自己的某个观点能带来积极的改变，但你没有把它说出来，因为你害怕会冒犯某人。这样保持沉默，专业吗？

假如某位同事选择推进某个项目，对它的效果你心存疑虑，但你选择对其风险保持沉默。这样的做法你可以接受吗？

在同事背后对他们糟糕的业绩说三道四（却不当面与他们沟通和解决问题），这样的做法算得上高明吗？

假如你的目标是正直做人，诚信做事，在同事和组织里成为领导者，那么，以上问题你的答案都应该是否定的——不能做到直陈其事，这是你对自身责任的放弃；不能挑起领导的担子，和团队成员共赢，这是对职业操守的亵渎。我希望，有一天，如果领导者不能负起领导职责，人们就应该把他轰走，就像现在人们无法接受报销造假一样。

实际上，我们可以同任何人建立关系，像真正的合作伙伴那样共事。在详细讲解如何做到这一点之前，我想先讲一些职场人常见的借口，它们都是妨碍共赢的绊脚石。

避免六种致命的借口

这些借口我全听过。

我知道你很忙，我感受到了。我知道有人挑战你，考验你，激怒你。有的时候——好吧，很多时候——人，就是这么难对付。

我完全不会怀疑你遇到的阻碍。

但是，借口不重要，所有借口都不重要。对你真正的目标来说，所有“理由”都是无关紧要的。

相信我，我也曾面对很多令人望而却步、直想举手投降的挑战。

我想说的是，我们都必须成为自己的领航员，帮助自己找到通向成功的路。这条路通常荆棘遍布，我们必须经历许多困难的阻碍，和许多难以相处的人打交道。同样可以肯定的是，失败一定是家常便饭。这是不可避免的。我曾跟随著名的营销大师阿瑟·塞思·高汀学习多年。高汀说过，“所有重要项目，每一项创新、每一件值得做的事情”，都可以用“这也许行不通”做借口。[3] 不确定性恰恰是创造新价值的所在。无论想在生活中得到什么，如果不去放手尝试，反而不停地为自己找借口，你最终都会一无所获。

无论面对怎样的局面，我们都能决定自己被什么打败、被谁打败。如果不去改善身边的重要关系，不把它们转化成共赢关系，那就等于主动选择了平庸。

我们对“七宗罪”（天主教教义中对人类恶行的分类）都不陌生。我在书中提出“六种致命的借口”。它是人们在走向共赢、引领他人的过程中必须全力避免的——无论你是不是领导者。

借口 1：不知情

看到这里，我们懂得了新工作原则和自驱型领导力完全是自己的选择。因此，不知情再也不能成为借口了。

吉娜终于明白，她此时此刻就可以成为自己工作中的领导者。在此之前，她一直认为，急诊室里的医疗用品供应常年断货，让患者置身风险之中，她可以装作看不到，什么都不做，这完全没问题。我告诉吉娜：医院里的问题都是她的问题，解决这些问题就是她的责任。

从此以后，她再也没有借口逃避和拖沓了。

你同样没有借口逃避和坐视不理！

借口 2：怠惰

有的时候，坚持到底并诚实地共赢让我们看上去过于劳神费力，所以有人选择半途而废。问题在于，在如今的工作环境中，没完没了的待办事项清单上有无穷无尽的工作，这样的工作难度至少是我们能够理解的，我们真正无法承担的是放弃领导责任的后果。如果你选择推脱，采取“这不是我的工作”的态度，那么，结果很可能是你真的没工作了。如果你的工作非常重要，你就应该竭尽全力完成它。共赢实在是一件苦差事——但是，假如放弃成为领导者的机会，你同时放弃的可能还有自己的饭碗。

大多数人都会满足于简单的共存状态。因为我们都很忙，而共赢状态需要额外的时间去经营。它需要我们主动出击。可以肯定的是，我们很多人每天的日程都排得满满的，分身乏术。其实，即使在我们忙得最不可开交时，飞快地写上一封电子邮件，约定一次 15 分钟的电话会议，也不算什么难事。

共赢确实需要时间，所以我们需要为它挤出时间。这也许意味着，你需要把某些工作交给别人去办，或者重新安排日程的优先级。如果你是一支团队的领导者，有人向你汇报工作，你可以要求他们做得更多。一定会有人站出来，抓住机会提升自己的工作能力，承担更多的工作职责。

如果没有办法减少任何工作量，你可以试着请教身边的人，听听他们建议你应该停止或者减少哪些工作，换句话说，你怎样才能节省出时间？他们的意见也许能带给你惊喜。

如果团队里没人能帮你分担额外的职责，不妨把它看作一个共赢项目。把它交给一个未来可以成为团队成员并能够承担更多工作责任的人，与他建立共赢关系。在帮助他们做好准备、指导他们的时候，你会发现，你正在腾出时间培养与他人的共赢关系。

借口3：顺从

我们经常听人们说，他们拒绝迈出共赢的第一步，是因为他们要听从组织的安排。这样的情况太多了。只要一项工作跨越了部门的边界，需要其他部门同事的支持，或者当一项工作涉及对新方案的支持时，我总会听见有人说："这超出了我的职权范围，这个问题不该由我来回答。"

有人对我说过："帮助老板不是我的工作。"但是，假如你的上司恰好需要你的帮助——只有如此，才能取得更好的业绩，那么，在情况允许时，也许你应该成为老板的指导者。如果发现自己过于顺从于组织的管理链条，以至无法道出内心的想法，掩盖了某些真相，那么，你不只是在辜负自己，也是在辜负整个公司。你是在欺骗自己的雇主。这和报销造假没有根本区别。这样的行为既不符合诚信原则，也不够职业化。

实际上，人们总是等着别人先行动起来，盼着别人提高参与度。

几年前，我创办了一家叫 Pocketcoach 的咨询类软件公司，公司负责产品开发的是马特奥。他的脑子里装满了绝妙的创意，足以把我们的软件带入全新的未来，可是他总是缩在后面，默不作声。因为他认为，先要得到首席执行官和首席运营官的允许才能做事。作为创始人，我不断地推着他走到台前。我告诉他，如果非常肯定自己的想法，他就应该把它做成 PPT（演示文稿），通过首席运营官邀请我和首席执行官开会讨论。

马特奥拒绝了我的提议。他非常年轻，曾经屡屡遭到首席执行官和首席运营官的拒斥，这让他充满了挫败感。他不愿意再冒险品尝苦果。当马特奥说出拒绝尝试的借口时，我感到极度失望，我至今还记得那种失望的感觉。我向马特奥保证："他们不是你的敌人，而是你团队的一员。你不仅应该把他们看作自己团队的成员，而且应该招募办公室里更多和你观点相同的人加入你的团队。或者，你可以先做好 PPT，把它直接交给我！"

于是，马特奥做好了 PPT，安排了一次会议。结果，他只用了 15 分钟就说服了所有人。我们一致认为，马特奥的想法很有前景。公司因此修改了一些产品的供应方式，最终我们成功地出售了这家公司。

这一切之所以发生，完全是因为马特奥不再回避自己的领导责任了。如今，马特奥已经拥有自己的公司，他还帮助员工通过共赢来发挥自驱型领导力的作用。马特奥知道，自驱型领导力不需要坐等上级的批准，它将带来创新、敏捷和增长。

借口 4：我也是受害者

接受自驱型领导力的心智模式有一个极大的好处：治愈受害者心态。

假如有些人和事让你大失所望，请不要急着逃得远远的，更不要急着自怨自艾。要理性反馈，像接受市场的力量一样接受眼前的失望——它只是需要你处理的现实。

在与大公司合作的过程中，我经常听到人们抱怨，说同事不配合，或者大公司根本不欢迎变革，抑或抱怨这个世界不够公平。我听过各种各样的绰号，人们为公司内存在竞争的部门所起的恶意绰号远远多于给公司外的竞争对手所起的绰号，而后者理应成为公司的焦点。

我非常熟悉这种借口，因为有好几年我也在依靠它过活。那时的我一直为自己在关键时刻掉链子找借口，既说给别人听，也说给自己听。在喜达屋酒店工作期间，因为首席营销官职位被架空，我一直自怨自艾，觉得自己才是受害者。我还责怪一位早期合作伙伴，我认为他没有做好分内的工作。只要项目没有按照我的预想获得成功，我就会用类似的故事给自己找台阶下。或者，当我想换合作伙伴时，无论是生意上的，还是生活中的，我都会用这样的逻辑证明自身行为的正当性。

我完全没有意识到，我的做法实际上等于自我放弃。我没有勇气面对冲突，承担职责，也没有为关系的顺利展开承担应有的责任。合作伙伴向我表明了开放心态，而我没能正向反馈。在生活和工作中，我都没做到。

我花了好几年的时间才意识到，这都是我的错。现在回头看，在同情自己的同时，我更深刻地意识到人们会如何偏执地陷入受害者心态。如果受害者心态发展到病态的程度，失败几乎就是必然的。

很多人并没有选择为真正的成果全力以赴，而是把自己想象成可怜的受害者。他们深陷其中，把它当作挡箭牌。在我们中间，有多少人曾经把自身的失败归于环境，或者归于其他人或事？当一段关系或一份工作以一种莫名其妙的方式结束时，又有多少人会有一种似曾相识的感觉？

一旦认定一切全靠自己，受害者心态就会消失。这种认识给了我们完全的自由——行动起来，建立共赢关系，发挥自驱型领导力的力量。

借口 5：怯懦

再次强调，如果某种情况让你感到害怕，你成功的关键因素也许就在其中。

在选择共赢关系时，我们常常会遭遇失败，那是因为我们过于羞怯，过分地畏惧冲突，或者太害怕自己遭到拒绝。这种畏惧感可能是大脑的瞬时反应，但是对关系的畏惧却深深扎根于人类天性。绝大多数人不喜欢与他人起正面冲突——我也是一样！研究表明，人在遭遇拒绝时感到的痛苦和肉体上的疼痛并没有分别。[4] 但是，通过持续练习，反复在痛苦面前暴露自己，体会从中获取的东西，这样可以慢慢让自己不再那么畏惧。

几年前，我帮助过一位叫凯尔的新晋首席执行官。他当时的工作是领导公司完成一次彻底的转型，带领公司上市。此前，凯尔从未担任过高层领导职务，他不确定自己能否完成如此重大的任务。很快，凯尔的担忧变成了愤怒。他开始拒人于千里之外，甚至会贬低他人。很多人觉得受到了凯尔的欺凌。

凯尔的团队成员不敢和他说话，只好选择什么都不做。他们开始质疑自己的能力，开始发各种各样事无巨细的备忘录给凯尔，哪怕是微不足道的事情，也要先取得凯尔的书面同意。如此繁重的决策工作压得凯尔喘不过气来，他的压力变得更大了。

结果，公司的业绩变得非常糟糕。私募股权投资者开始担心这家公司无法完成财务目标。这时，公司的用户体验部门主管康妮发现，如果团队里没人能战胜与凯尔正面抗争的恐惧，并主动接近凯尔，也许公司就完了。

又一次争吵不休的高管会议结束后，康妮对凯尔说：“我真心想和你共同进步，实现更高的成就。你是公司的首席执行官，但你也是我们需要关心和支持的团队里的一员。”康妮要求凯尔拿出一天的时间，一起把现行项目过一遍。每个项目涉及哪些后续工作，有哪些明确的交付日期，他们都要达成一致意见。

大多数人只是在抱怨凯尔交给他们的工作太多了，但康妮是第一个把抱怨化为实际行动的人。她勇敢地行动了。凯尔接受了康妮提出的建议，因为她的出发点既考虑了凯尔，也兼顾了公司的大局。

凯尔一定明白，猛烈地批评别人并不能解决问题。他需要身边的人帮他度过这段时期，帮他找到更好的管理方式，但他不知道该怎样向人求助。

康妮战胜了对冲突的畏惧，提出了解决方案，帮助团队回到正轨。凯尔不断进步，最终成长为一名合格的领导者，公司的发展远远超出投资人的预期——这可真不是一件简单的事。

后来，康妮告诉我："来自市场的压力已经够我们受的了，为什么还要承担额外的恐惧呢？每一次转型都离不开共赢。我不得不冒险一搏，因为我在乎我的使命。虽然凯尔让工作难上加难，但是我必须关心他，帮助他。"

借口 6：纵容

纵容可能表现为多种形式。当深陷在痛苦的回忆中无法自拔时，我们经常会耽于恼怒、仇恨或者挫败感。在与人关系紧张时，我们可能因为过于自负而拒绝承认自己的错误，或者不愿意站在对方的立场考虑问题。可是，耽于怨恨能带给我们什么？它只会让我们工作失败，人生失意。那么，我们还有什么理由紧紧抓住它不放呢？

怨恨对人的心理健康和工作效率大为不利。如果我们放任自己沉湎于职场中的种种怨恨，那就是火上浇油，只能把情况变得更糟糕，甚至会以意想不到的方式毁掉我们的职业生涯。怨恨情绪可能会持续数年，让双方的关系变得越来越糟糕，让双方都失去无数个人发展和职业成功的机会。

请记住——一切全靠你自己！一定要远离情绪化的判断、自私的想法、有害的习惯。你没必要做个永远正确的人，也不要坚持等对方先给台阶下。放纵自己，任由自己沉溺在怨恨的流沙里，势必在事业上付出代价，造成身心伤害。如果坚持所有的事情必须按照我们的方式进行，那就是在浪费自己的能量，也无从建立共赢关系。

永远都要先迈出第一步

变革、创新和敏捷的压力不断增大并席卷全球，想在这样的世界里成功，就必须抢占先机。如果你的目标足够重要，如果认为自己的使命能让整个团队、部门甚至公司大不一样，你就应该迈出第一步。这既是对自己负责，也是对组织负责。

吉娜对戴文采取的做法就是如此。吉娜必须先迈出第一步。她要有意地、费尽心思地改变自己和戴文的关系。当吉娜不再逃避，并且表现出对戴文及整个急诊室工作业绩的关心时，她和戴文就能并肩作战，共同打造富有成效的共赢关系，这种关系帮助他们取得了更大的成就，也解决了部门的许多问题。

需要澄清一点，共赢并不需要事先达成共识。你只需要先迈出第一步，下定决心做个共赢的人就够了。你和合作伙伴能否成功建立真诚的关系，全取决于你自己，全看你的行动。

换句话说，你根本用不着等谁——只要去做就可以了。

如何抚养养子？这是我曾经面对的一个极大的挑战。我不可能对这个叛逆的孩子说：“等什么时候你的行为有规矩了，我才会成为你的父亲。”这世上不可能有这样的选择，我们的工作亦如此。如果想做的事情对你非常重要，你就要倾尽全力，投入其中。什么借口都不重要。如果工作环境、同事和自身职业发展对你来说足够重要——说实话，它们必须足够重要才对——你就应该立刻行动起来。也许，你并不认同公司的使命，但是，只要这家公司还在给你发工资，你毫无保留地做好工作就是最低要求。我们对同事的责任心也应该如此。即使要面对非常难相处的人，或者你们的关系极为紧张，你也要想方设法做到这一点。事实上，大多数时候，人总不是太好相处的，人与人的关系也总是更倾向于紧张。

想通过这样的方式重新配置好各种关系，首先要认识到，培养和发展这些关系的责任全在于你。美国海军海豹突击队退役指挥官约克·威林克把这种心态称为“极度负责”。[5]无论头衔是什么，想要成为真正的领导者，你都必须对自己的团队“极度负责”。这是成就大事必须完成的最重要的观念转变，我们不能坐等别人先做到这一点。

多问问：“我哪里做得不对？”

我们通常不会意识到这一点，但是，当改变自己的行为方式，改变同他人的互动方式时，我们也在改变人们给我们的反馈。还记得吉娜曾经怎样逃避和戴文打交道吗？她一度认为，戴文是个无可救药的人。她认为，戴文的防御性过强，与他沟通是件难事。然而，吉娜最终改变了这一切。她的方法就是和戴文谈论他个人和急诊室的工作。一旦开始了解戴文，吉娜就明白了戴文在实际工作中面对的限制，她立刻意识到，他们之间紧张的关系其实是她造成的。为了扭转这种关系，吉娜必须质疑自己之前对戴文毫无根据的判断。

我们在生活中都会对他人抱有各种假设和看法，都会自然而然且条件反射式地做出各种判断，心理学家为此发明了一个名词——“基本归因谬误”。我们会观察他人的行为，然后判定这个人是什么人。[6] 为了避免这种心理谬误，唯一的办法就是问自己，“这个预判中有没有我的偏见”，然后纠正自己的偏见。

如果有人对我不予理睬，没有直率地给出反馈意见，我就会审视双方关系中有哪些问题出在我身上，而不是去责怪对方。即使在获得成功的若干年后，我也时常感觉自己还是那个少年，那个来自宾夕法尼亚州小城拉特罗布的战战兢兢的小子。因此，我必须培养自己勇敢好斗的战斗人设。自我反省并不是我的天性，我甚至在很多年里从未有过自省。

如今，我会问自己：“他为什么没对我说出自己的看法，为什么他不信任我？”接下来，我会反思，应当如何改变自己的行为。

假如遇见一个我觉得缺乏责任心或投入度的人，我首先会扪心自问，是不是我的表达不够清楚？或者，是不是我的跟进不够有效？需要重申的是，这个习惯培养起来很难。实际上，它来自我和一位机敏的洛杉矶咨询师之间的合作，他的名字叫肖恩·麦克法兰（我叫他“肖诺”）。

肖诺多年来一直从事成瘾康复工作，他给我的建议来自他的丰富经验。我在上一本书的调研期间结识了他。当时我就发现，肖诺的建议总是不可思议地切中要害。肖诺疗法认为，任何想从成瘾中康复的人首先要对自我负责，这种认知是戒瘾的核心，他人的帮助只能发挥辅助作用。如果抱着受害者心态不放，人们绝对不可能从成瘾的万丈深渊里爬出来。

慢慢地，我开始意识到，每个人都是某种意义上的成瘾者，只是表现形式不同罢了。我们都深深地依赖某些对我们没什么好处的行为，甚至对此成瘾。我们困守着这些行为。借用从肖诺那里学到的一些康复概念和实践方法，我成功地帮助很多高管摆脱了对旧工作规则的不健康的依赖，帮助他们摆脱了这些依赖带来的不合理预期。这些预期正是众多职场悲剧的关键所在。

只有摆脱了自我设限，我们才有力量改善生活中的各种关系。一旦认清自己在做什么——这是一个永无止境的过程，你就会惊讶地发现，你曾经多少次对自己不负责任，而这些责任都是专属于你的。

重申一遍，当和某人的关系脱离正轨时，你一定要问问自己："我哪里做得不对？"

最好能和团队成员分享你的答案。如果做不到这一点，至少也要完全了解你在双方的关系中发挥了怎样的作用。如果团队中有的人对团队或部门的成功至关重要，但你发现你一直很抗拒与他们培养共赢关系，也许是因为他们触动了你的情绪开关，或者因为你不喜欢他们的性格，那么，责任在你。

即便我们坦率地承认了自己的问题，对方也只是有可能和我们共赢。即使对方完全没有新变化，这样的反思也有可能让事情变好一点点。

很多时候，两个人的风格和他们对职场关系的看法完全不合拍。这会让人感到，抛开过去累积的摩擦和恩怨是完全不可能的。

相信我，我很了解。我和几位朋友至今保持着高效的共赢关系。如果回到几年前，我一定会告诉你，这是根本不可能发生的事。

当和人们谈起宽恕他人的必要性时，我经常建议他们多审视自己，看看自己是如何对待他人的，是如何与他人打交道的。

通常，人们都会发现，自己并没有正确对待他人，也没能展现自己最好的一面。

如果能简单地说上一句“对不起”，如果能主动握手言和，你就一定会收获惊喜。你会发现，即使是曾经充满敌意的人，也可以做到非常包容和乐于接纳。

你不必永远都是对的

克服怨恨情绪的一大障碍是放不下对“我永远正确”的执念。放下任何执念都不是件容易的事。我们早已习惯了捍卫自己的观点和立场。但是，接受他人的正确性，其实是让自己的工作和使命优先于自己的“正确性”。

我曾受邀为一家位于得克萨斯州的石油集团做咨询，公司高层希望公司两个部门的高管更紧密地合作。其中，罗宾是勘探和早期生产交易部门的负责人，克里斯领导着交易部门。他们的客户多有重叠，双方的工作如果能协调好，就能极大地提升客户体验。

很不幸，克里斯和罗宾的关系一直不够融洽。即使偶尔不得不合作，他们也从未正眼瞧过对方。两人有时甚至在高管会议上吵得不可开交。

克里斯是一位成功的高级管理者，他的事业顺风顺水，他认为自己对战略和交易的看法永远是对的。而罗宾的事业同样成功，她也认为自己永远不会错。这两位高管从未尝试过填补他们之间的鸿沟，也没有站在对方的角度考虑过问题。

一开始，我不大确定该如何消除克里斯和罗宾之间的隔阂。我们首先讨论的话题是门户之见如何妨害股东价值，说着说着，我注意到，有个人戴着一枚硕大无比的结婚戒指。我迅速扫视了会议室里每个人的无名指，发现在座的都是已婚人士。

于是，我讲到一半就停了下来。我提出这样一个问题："请问在座的各位，谁认为自己的婚姻是幸福的？"人们一脸茫然。我重复了一遍我的问题，看到有几个人举起了手。人们都很好奇，我的葫芦里到底卖的什么药。克里斯和罗宾也举起了手。

我说："祝贺你们！你们都掌握了一条最重要的人生哲理——为了得到你想要的，就不要认为自己永远是对的。"有几个人咯咯笑起来。我继续说："拥有幸福婚姻的男女都明白，时机恰当的一句'是的，亲爱的'或者'你说得对'对两个人的亲密关系意义重大。它能为婚姻带来积极影响。"

我继续解释，着眼于全局，在分歧真实存在的情况下，做个更容易认同他人的人有利于开展更健康的对话。说一句类似"亲爱的，关于这一点，我说的也许不对”的话，即使当时你并不是真的这样认为，也可以传达出清晰的信号：你在乎的是对方和你的关系，而不是你自己正确与否。这些话同样可以用来解决工作中的问题，只要记得去掉“亲爱的”这三个字。

我接着问：“我们还应该在哪里放弃‘我永远正确’的执念？在这个房间里，大家关系各异，有没有哪种关系需要我们放下‘我永远正确’的念头？”我向他们保证，我不会逼他们说出“亲爱的，我说的也许不对”这样的话。

我一边说，一边看到很多人微笑着点头。我甚至抓住机会，拿克里斯和罗宾开了个小玩笑。他们两个都在自嘲地笑着。

克里斯和罗宾都是出色的人才。他们都是充满自信的高层管理者，对自己的判断深信不疑。他们同样需要被提醒：沉湎于针对彼此的仇恨或愤怒情绪，并不能帮助他们在工作中成为最好的自己，同样无法帮助他们在组织中取得更好的业绩。

我和这些高管以及他们的团队成员合作了几个月。每当克里斯或罗宾看起来坚守立场、决不妥协时，我就会看到另一方明显做出了行动上的调整，保证两人之间的和平，不再坚持“我永远正确”了。

人们能在极短的时间里轻易地放下仇恨，这实在让人觉得不可思议。当仇恨烟消云散时，你永远不会听到有人说怀念它。怎么会有人这么做呢？仇恨让我们变成盲目且无力的人，选择仇恨就像服毒自杀，却指望仇家死掉。只要静下心来，对那些令你愤恨的情况稍加审视，你就会发现，无论在这些情况下坚持什么，指向的都是悲剧——

你的悲剧。

我们的使命是为全世界每个人和每个组织赋能，帮助他们获得更高的成就。为了做到这一点，我们希望所有员工都能拥抱成长型心态，通过创新的方式相互合作。我们希望每一位微软员工都能成为领导者。我们为此推出了一套领导者原则：创造透明度，催生能量，传递成功。我们以此保证每位员工都能感到自己充满力量，把自己多样化的观点和经验带入共赢关系，完成共同的使命。

凯瑟琳·霍根

微软公司
人力资源总监

谦逊，再谦逊

吉娜受邀加入医院管理层之后，我继续通过手机短信和电话为她提供指导。她的自信心随着时间的推移而增长。她有时会变得没有耐心，希望更快完成变革。当获得了成功，而且你的使命——例如患者护理工作——极为重要时，你自然会生出这样的想法。但是，我发现，吉娜似乎失去了往日的谦逊。

她似乎期待其他医生、护士和行政人员都能听她的指挥，按照她的想法完成整个医院系统的变革，并且立即执行。吉娜相信自己能看到别人看不到的东西。她开始放纵自己的不耐烦，把建立值得信任的关系、与他人合作完成共同使命的重要意义抛到一边。

吉娜有时会向我倾诉她的挫败感，尤其是当别人不肯按她期望的那样迅速行动时。我不得不提醒她，在医院里培养各种关系时要永远谦逊。如果继续这样急躁、自负，她就有可能丢掉最初帮她取得成功的超能力。

我问她："你有没有花时间在急诊室里建立关系？有没有找到办法为每个人提供支持？有没有抱着合作的态度和大家打成一片，倾听他们的想法？为了提高自己的工作表现，你有没有向他们请教过？"

我会提醒她，每个星期拿出一些时间，每次 15 到 20 分钟即可，邀请一位带给她挫败感的人喝一杯咖啡。我请她记住，建立这些关系的主动权依然牢牢把握在她的手里。

在取得正式的职位、获得管理职权之前，吉娜曾经在一段时间里轻松地记住了这一点：建立共赢关系的责任全在于她。虽然是一名繁忙的急诊科医生，但是吉娜还是抽出时间和整个医院的护士、医生还有行政人员建立了紧密的关系。每当有新成员加入时，吉娜总是特别重视去认识和了解他们，邀请他们一起为更大的使命努力。这个使命就是整个医院的发展和患者护理工作的整体提高。

我提醒吉娜，千万不要忘了，是什么帮助她如此迅速地晋升到领导岗位。此后不久，吉娜重新回到正轨。她出席了各种会议，这些会议的主题是探索以技术驱动的医疗护理工作的未来。她不断扩大自己的团队规模，逐渐发展到医院以外。如今，吉娜在延长人类寿命的领域形成了自己的影响力，这也是她选择医疗行业的初心。

职场旧原则：领导力是企业或组织赋予的，它来自与职位相关的权威。

职场新原则：领导力是每个人的分内责任。无论职务或职级是什么，我们都必须建立并领导自己的团队。

职场旧原则：想要取得事业的发展，就要根据岗位要求做好自己的工作。

职场新原则：要在工作中取得进步，你可以通过任何形式为所在团队和组织创造价值，即使没人期望你这么做，即使工作内容超出了你的岗位要求也没关系。

原则 3

创造信任

赢得许可，领导他人。这说出了我心中领导力的真谛：那些强势的、目的性极强的、聪明的魅力型领导者，那些大手一挥，为所有人指明方向、圈定目标、确保人人听命于自己的舵手型领导者，都已经是过去式了。人们不想听命于他人，想要为真正的事业努力。我们需要的新型领导者应该是充满人性的、真诚可信的、意志坚定的，他们会创造适宜的环境，帮助他人进步成长。这种领导者能够创造信任，解锁自我鞭策的力量，他们是组织获得超凡业绩必不可少的人。

休伯特·乔利　　**百思买集团**
执行主席

我的技术型初创公司 Pocketcoach 面临着现金枯竭的危机。

我并没有打退堂鼓，因为我对它的业务——在线提供点对点职业咨询服务——充满了信心。其实我也在苦苦挣扎。为了实现我的使命，我已经为这家公司投入了好几百万美元，并且准备投入更多资金。尽管如此，但是只有我一个人投资是不够的。我从自己熟悉和尊敬的人那里筹集了很多资金。我还需要更多新投资者，并且越快越好。

一位商学院的同学向我介绍了肯。他是一位著名的天使投资人，在洛杉矶的技术圈子里深受尊敬。我听过关于肯的许多故事——他的睿智、他在科创行业里的精明投资，他甚至还是洛杉矶一家地标式酒吧的老板。这些故事让他听上去非比寻常。肯还是一位出了名的高度投入的投资人，这正是我想要的。我和肯约好了在布伦特伍德的一家咖啡馆见面，我的裤子后袋里装着我们公司的融资演讲稿。

刚一见面，我们就聊起了 Pocketcoach 公司，我想让肯先了解我创办这家公司的初衷。于是，我谈到了自己在宾夕法尼亚州西部那个钢厂林立的小镇上度过的童年。我讲了自己的家庭，讲到每次工厂裁员时，我们家就会在贫困的边缘苦苦挣扎。Pocketcoach 公司承载了我的个人使命：帮助那些缺少职业指导的职场人士改变他们的行为，帮助他们发挥自身的潜力。我还想借助技术的力量提高绿讯的服务能力，为更多我们尚未触及的企业服务。

等我发现自己讲得不大对劲儿停下来的时候，已经是一个小时之后了。我发现我花了太多时间谈论自己，而我对肯的了解，还停留在刚坐下来聊天时所知道的。

实际上，在初创公司融资的过程中，对话常常是这样一边倒的。毕竟是投资人在考量你，而不是反过来。和许多聪明的天使投资人一样，肯也是这方面的大师。他善于鼓励人们敞开心扉，从对话中了解创业者的激情所在。

但是，仅仅谈论我自己，这一做法无法激发肯心中更深层的兴趣，进而建立更重要的关系。仅仅谈论自己，我最多只能成为他投资组合中一个潜在的投资对象。这样下去，我不可能赢得肯的肯定，并更进一步。

于是，中途我改变了谈话的方向。我说："谈谈你吧，更重要的是，有什么我能帮你的？"我听说肯的一家公司正在开发一种新型区块链技术平台，于是问他，有没有哪些《财富》世界500强企业的首席执行官是他想要结识的，我可以帮忙引荐。

这些问题似乎让肯放下了戒心，但他看上去有些不舒服和不情愿。所以，我又换了个角度。我问肯，在他的投资组合中，是否有企业需要我的人脉。但他再一次婉拒了，他说它们大多还没有准备到位。

就在这时，我突然想到，也许肯更关心的是生活中的某些问题，倒不一定是工作上的事。既然他对我生意上的人脉没什么兴趣，那么我可以为他提供一些生活上的帮助。于是我问他："明年你和你的家人有什么安排吗？如果让你天马行空地任意想象，你想怎样度过这一年？"

肯许久没说话，他在忖度应不应该说出自己的心里话。为了鼓励他把这些话说出来，我先分享了自己的情况：20年来第一次回归单身生活。我禁不住感慨："这可真够我喝一壶的了。"

在接下来的20分钟里，肯向我倾吐了他苦不堪言且旷日持久的离婚诉讼。他们已经拖拖拉拉地打了几个月的官司。肯特别担心孩子们夹在他们中间左右为难。与此同时，他向我透露，他开始了一段新的恋情，可是他拿不准这段感情到底行不行。这些事情加在一起，造成了巨大的精神压力。我先前已经坦诚地谈到自己的童年和个人生活，这打下了很好的基础，肯也向我展示了他在生活中脆弱不堪的一面。

我一边认真听肯倾诉，一边问他，有没有寻求过专业人士的帮助。他说他这辈子从未看过心理医生。于是，我提出帮他联系肖恩·麦克法兰——也就是肖诺，他当时是我的私人顾问。我甚至主动提出为肯的第一次问诊付费。

我说："说真的，我就是那么信任肖诺，我也是同样真诚地想帮你。我经常这样帮助朋友。我敢保证，肖诺的诊疗一定很有用。"

肯盯着我。我心里开始打鼓，是不是我做得太过分了。但我迅速打消了疑虑，毫不犹豫地拿起电话，发信息给肖诺，介绍他们认识。

有的时候，当我们如此大胆且慷慨地对待他人时，有些人会被吓跑。他们可能会心存疑虑，怕自己欠下某种人情债。或者他们感到太害怕和无能为力了，害怕到不敢承认自己需要帮助，就像肯和我前半段公事公办的对话那样。我采取了在这种情况下唯一有用的办法：我把自己的目的清楚明白地说出来，让肯确信我们相交的可能性对我意味着什么。即便只是简单地见个面，对我来说也是非常重要的。而且，我是认真的——投入共赢关系意味着全身心投入，大胆地提供帮助。

我说："肯，你的名声好极了。我非常想让你成为我的投资人。但是，我希望有朝一日能成为你的朋友，那将是莫大的荣幸。我相信，我们可以有很多合作。"我对他慷慨给予的洞察和建议表示感谢："我真的不想让这次见面只是一次简单的投资人洽谈。如果我们既能建立起商业上的合作关系，又能成为朋友，那就再好不过了。”

肯告诉我，我们的对话同样触动了他，他非常感谢我的慷慨和温暖的话语。对了，当天上午他就同意了那笔投资——他连我准备好的融资演讲稿都没看。对我来说，那天上午见面的意义远远超出简单的投资关系，对肯也是一样的。

那次会见之后，肯开始接受肖诺的诊疗。在接下来的几个月里，我看到他为自己开启了一条全新的个人发展的光明大道。慢慢地，我和肯建立起共赢关系，而且是我力量最强大的共赢关系之一。我们都从商业合作中收获颇丰。但是，我想说的是，肯的那笔投资带来的最好回报是我们之间的深情厚谊。

当邀请别人进入我们的生活时，或者邀请人们在我们的追求中发挥重要作用时，无论追求的是什么，我们都必须做到心甘情愿地奉献自己。我们必须冒很多风险——它们甚至可能超过我们能从中获得的回报。自驱型领导力要求我们通过这样的方式和他人打成一片，博得人们的信任和信心。这是成为领导者不可缺少的。

当我的公司遇到各种各样的挑战时，肯是我们永远不变的、最亲密的、最有帮助的知己和参谋。同样，有一次，肯的一家公司遭遇了严重的挫败，许多人离他而去，而我选择支持他，帮助他。

几年后，肯告诉我，他之前没有过像我们那次用餐一样的投资人会面——此后也没有。从来没有人那么快、那么直接地切入个人话题，他从未见过哪个素昧平生的人对他如此慷慨。

大多数来找肯的人都是为了得到他的投资，不少人还想得到他的建议。我知道自己想要的更多——我想赢得他的准许，与他建立共赢关系。这能帮助我们取得更大的成就。想做到这一点，我就不能犹豫退缩。

我全情投入与肯的交往，不仅因为他是一位成功人士，而且因为我能在他身上感到一种亲切。我想要肯成为我“团队”中的一员。因此，我必须为他创造真正的价值。这个价值一定要远大于他投资我的公司所取得的回报。我希望他充满热情地签约，成为我的投资人。同时，我希望他感到，我们之间是心意相通的，无论是在生活中，还是在生意上。

投入：吸收他人加入团队

想和团队成员共赢，就必须学会向队友敞开自己，同时帮助他们做到开放：对我们开放，对共同的追求开放。如果想要某人加入我们的团队，我们就要预先做好工作。如果交往中出现了紧张局面，我们必须先放下自己的所有预判、自我意识和防卫心。我们需要不断地付出，直到团队成员看到加入和回报的价值所在——包括和我们相处的时间、精力、资源、知识和情感投入等等。

在这个过程中，对团队成员保持开放是一项有意为之的工作，就像我对肯做的那样。我们要让团队成员看到投入他们的时间、精力、资源和知识的价值所在。我们期待他们主动加入，一路同行。

吸引合适的人加入“团队”，保持他们的投入度，这也许是处在转型变革期的领导者被严重低估的一项能力。为什么？因为尽管变革的速度正在呈指数级增长，但是我们对变革、对彼此的开放度甚至完全没有提高。

从初入德勤直到现在，我目睹了太多组织变革的失败，原因都可以归为关键人物对变革不够开放。如果人们没有准备好开始变革，没有准备好加入变革运动，那么，再多关于流程、战略、技术的支出都无法带来预期的结果。变革的关键是人，如果人对变革采取保守的态度，那就不会有变革。

人决定了变革能否成功。因此，绿讯专门设计了一种测量方法，来测量人们对变革的开放程度。我们把它叫作“疏透度”。它的本义是物质透水透气的程度。就像水会被吸收进具有疏透度的物质中一样，我们希望团队也能保持疏透度和开放性，大胆地“吸收”变革。

在绿讯，我们用疏透度衡量每个人接受新想法和采取新行动的能力。我们越是在他人身上激发疏透度，他人就越有可能接收到我们发出的信号，加入我们的追求之旅，沉浸到突破性的思维中。我和肯的对话就是刺激他扩大对我的疏透度，设想同我打交道有可能为他带来什么。假以时日，我们彼此的疏透度就会丰富到适当的程度。只要一方提出一个想法，甚至还没说到详细的信息，另一方通常就已经表示支持了。

几年前，在个人发展组织 Landmark[1] 主办的一次研讨会上，我听到一个了不起的概念——“有意义的对话”：如果你能让对方感觉“受到触动、感动或者启发”，它就是一次有意义的对话。在与潜在团队成员或者共赢伙伴的所有重要对话中，同样要注重发挥三个关键词的作用——触动、感动、启发。它们是试金石。在有意义的对话中，也许一方还在讲解种种新的可能性，另一方已经高喊起来：“管他呢！来吧！行动起来！”

激发疏透度和让人为共赢做好准备，要始于“服务与分享”。这两个互为补充的概念非常重要，它们几乎是我写过的所有文字的第一主题。我们可以把服务和分享视为 DNA 双螺旋的两条链，它们相互支撑，相互加强。其中，服务指的是通过慷慨地给予建立领导力；分享指的是自我开放，与他人建立真正的联系和承诺的纽带。

支持：通过慷慨地给予建立领导力

对我来说，建立有效人脉的成功秘诀一直是“慷慨”二字。它是我的第一指令。无论面对什么样的情况，我都会问自己：“我能怎样帮助别人？”无论与谁结交，我都会思考：“我要做些什么才能让他们的生活变得更美好、更轻松、更喜悦、更有成效、更专注、更满足、更丰盛？”如果某个人对我特别重要，我会在开会前研究和收集至少 5 个“慷慨锦囊”，也就是 5 种创意或者方法。它们都是我提前构思好的，是我认为可能对即将见面的人有用的。以我和肯的第一次见面为例，见面之前，我已经准备好和他共享我的圈子，帮助他或者他的任何一家公司。我还了解到，肯的几个孩子都在上大学，所以，我准备了一些关于毕业实习的建议和人脉。当发现最令他苦恼的问题是离婚诉讼，他可能需要心理咨询时，我就准备好帮他预约我的私人诊疗师。最重要的是，我没有退缩。我是带着双倍的慷慨去吃那顿饭的。

畅销书《沃顿商学院最受欢迎的思维课》的作者亚当·格兰特多年来一直研究慷慨付出时间与专业能力的益处。我们第一次见面时，他还是沃顿商学院的一名教授。读过我的《别独自用餐》后，格兰特想更多地了解慷慨在人际交往中的独特作用，于是主动联系了我。我给他的答案是“但行好事，莫问前程”。从此以后我们成了朋友，经常相互分享和学习。他在著作中引用了我的话：“我会用一个词来总结成功的关键：慷慨。如果你慷慨大度地与人来往，一定会收获同样丰厚的回报。”[2]

亚当发现，那些被他称为“给予者”的人会把给予当作自己的存在方式，当作他们在这世上的行事方式。他们会为别人付出自己的时间、精力、资源和知识。他们为别人创造的价值远远多于自己期望的回报。亚当曾经通过大量研究证明，在企业里，给予者通常是最成功、最能干、最高效的人。部分原因在于，当需要支持和资源时，给予者往往比绝大多数人更擅长寻求和得到它们。

亚当写道：“这是我在成功的给予者身上看到的最具吸引力的一点。他们登上顶峰的方法不是打败别人，而是想方设法做大蛋糕，让自己和身边的每个人受益。”[3]

如果说慷慨是建立职场人脉的重要因素，那么对培养共赢团队、实现真正变革来说，慷慨更是不可或缺的。共赢离不开真正的付出，有时甚至可能需要妥协、牺牲、走出舒适圈。

只是问一句“这个共同的追求如何令对方受益”是不够的，我们更应该提出的问题是：“与我们共赴使命，对方的生活能有所改善吗？”尽可能考虑清楚，除了使命的召唤和吸引，对希望招募进团队的人来说，我们还应该给予他们什么？我会在下文介绍几种方法，它们能帮助你回答这个问题。

当问别人“我怎么才能帮到你”时，我们的好意可能会给对方留下深刻印象。我们可以创造一个引人注意且充满力量的时刻。这是加强疏透度的关键时刻。他或她已经准备好用更加开放的姿态迎接我们和我们传达的信息，即使这一切才刚刚开始。你提供的帮助会让对方受到触动、感动或启发，带来前所未有的开放度——他们在短短几秒钟之前完全没有想到的、程度极高的开放度。我敢打赌，在布伦特伍德见面那天，肯做梦也不会想到：“让我猜猜看，基思会不会为我的离婚诉讼提供帮助？”这就是提供帮助最吸引人的魔力，这就是“但行好事，莫问前程”的力量。

分享：加深双方关系

为他人服务，能让我们得到适当的准许，与对方建立更深层的关系。这时你就可以开始真诚地分享，这样会加深双方的联系。

当用一种谦逊柔和的方式与人交谈时，你可以触达对方的内心，鼓励对方敞开心扉，和你一起开启冒险的旅程。你将不再是“财务部的张三”或“法务部的李四”。你是一个完整的有感情、有经验、有目标的人，一个他人可以结识和体恤的人。同时，如果你能就你的目标、梦想和挣扎与他人多分享一些，对方更有可能受到触动、感动和启发。作为回报，他们也会和你分享重要的信息。

真诚地对话算不上复杂的事，但它仍然是一门艺术，一门常常被人们忽略的艺术。我发现，无论你有多忙，挤出时间和团队成员或那些你希望成为自己团队成员的人交谈并真诚地建立联系，都是你能做到的回报最高且最有成效的事。

当越来越多地倾听和了解对方时，你会不断地思考：“我能帮上什么忙？我可以怎样帮助他们克服困难？我可以怎样帮助他们提升自我？我可以怎样帮助他们实现愿望和梦想？”你还要思考双方的共同追求。“邀请这个人加入团队，如何做才能对我们的任务和他个人有帮助？”

这正是我和肯在就餐时做的。随着团队成员多面性的提高，你会更有把握给予他们更多。从你这里获取的越多，他们就越愿意分享。这样一来，你就可以更多地服务和分享。这会形成一种良性循环，你与他人的关系得到发展，离目标也会越来越近。

开放性是建立联系和信任的途径。我相信，这种联系和信任是我们每个人都向往的，不仅在我们每天花时间最多的办公室里如此，在个人生活中也是如此。我们正是通过这些真实的、人性化的联系赢得了人们的准许，并在此过程中领导我们的团队，实现目标，实现队友的进步，以及我们自身的进步。

共赢是一种培养“服务他人”的文化必不可少的关键能力。这一文化是我们取得成功不可或缺的。数字革命的脚步越来越快，我们因此重新设计了变革模式。这种模式反映了彻底的相互依存的现实。我们会依靠敏捷且多样化的团队，这样就可以在不需要传统意义的职权或者资源控制权的情况下打破组织孤岛，驱动业务发展。新环境下的成功需要面对更高的脆弱性和真实性，而为信任打下坚实的基础需要做到彻底地透明和完全地直率。

查尔斯·迈耶斯

Equinix公司
首席执行官

关心：尊重与真诚

有一句老话说得好：没人在乎你知道多少，除非他们知道你有多在乎。想有效地领导他人，至少要让团队成员感到你是关心他们的。当白瑞德对郝思嘉说出“亲爱的，坦白地说，我一点儿都不在乎”时，无论他表现得多么深情款款，这种态度都不是你与同事建立共赢关系时需要的。

我们必须选择关心他人，还必须让团队成员明白这一点。你要把这一点告诉他们。如果既能表达出来，又能真正做到，那就再好不过了。形式可以多样，但要确保他人不仅能听到你这样说，还能真正感受到你所说的。

在和肯第一次见面时，我尽全力为他“服务和分享”。然而，直到临近对话结束，我依然觉得缺了点儿什么——我们之间的联系基础还不够牢固。对我来说，缺少的是我对这段关系投入度直截了当的表达。在离开之前，我必须把它表达出来。

我对他说：“肯，我决心找个恰当的方式帮助你，我要成为对你有用的人——无论是生活中还是事业上。我从不相信单方面的付出，即使是投资人也不例外。”

有的时候，我们要做的就是站出来，把话说清楚，类似于“我能帮你什么忙”，就这么简单。人们需要知道我们是真诚的，知道我们的慷慨是真心的，明白我们是真的想帮忙。

有些表达关心的方式比较微妙。虽然已经过去了几十年，但是每当想起德勤的前首席执行官帕特·罗康托时，我依然会禁不住哽咽。当我还是个学生，疲于奔命地偿还学生贷款时，帕特自掏腰包支付了我父亲葬礼上的鲜花费用。我需要提醒一句：如果你没有感觉到，或者连你自己都不相信，那就不要轻易地说自己关心谁。人家在几英里[①]之外就能嗅出你的虚伪。

有些人喜欢在自己的名片上印上各种头衔，如“连接者”或“给

① 1英里≈1.6千米。——编者注

予者”。我一直建议大家不要这样做，因为这多少有些自卖自夸的嫌疑。我亲眼见过有人看到这些头衔时大翻白眼。慎重声明一点，我本人很关心也很羡慕一些善用头衔的人，而且我相信他们的真诚。我只是觉得，作为一个连接者也好，给予者也罢，做该做的事比戴着这顶高帽子招摇过市要好得多。

为什么关心他人如此重要？因为团队成员和潜在的团队伙伴一旦知道你关心他们，就会给予你更高的许可度，这有利于开始真正的共事：发展更深层次的合作和共赢关系。共赢需要双向的坦率的反馈——关于目标、团队使命以及彼此的业绩表现等方面直率的论辩。

如果准许他人评判自己的表现，无论是在生活中还是在工作中，我们就会因此赋予每个人极大的力量。这种力量之大，怎样强调都不为过。我们分享观点，诚实地对“哪些想法是合理的，哪些可能在实践中产生实效”表达自己的看法。创造力和创新正是在这样的过程中被激发出来的。要想和自己的团队形成共赢关系，并且高效地做到这一点，关心和信任是必不可少的。

如何表达你的关心，同时又不至于表现得像个操控者？这个问题可以通过果断和专注来解决。如果真正理解和接受在新工作环境中建立团队的工作完全靠你，那么你应该如何真挚地做到这一点？这是你要面对和解决的一道难题。

也许你并不喜欢某些需要招募到自己团队里的人。但是，只要给予他们足够的尊重，真诚地帮助他们在追求目标的过程中取得进步，喜欢与否就不算什么问题。你如果正在寻找团队成员，就要知道你不可能喜欢每一位与你共事或者做好项目的人——这是需要提前想到的事。如果有些人和你有过不愉快的经历，你可能需要放下，或者推翻对他们先入为主的成见和评判。

与人共赢的愿望必须是诚挚真切的。关键在于，要让人们明白，你在关注他们和他们的需要——你想帮助他们成长和进步。再次强调，重点并不在于你希望他们为你或者为组织做些什么。他们必须感受到你在关心他们的最大利益，你在平衡他们的需求与组织的需求时是公开透明且毫无私心的。这会让“自私”无处藏身。很多人醉心于更高的权力、影响力、下属的人数或者更多的预算，以此衡量自身的成功。如果与你共事的人连这些好处的边儿都沾不到，他们希望与你共赢的可能性就太小了。最高的指挥棒应该是团队的胜利，是大家共同的胜利，而不是你个人的荣耀，更不是一群人卖力地捧你一个人。

扁平式结构常常表现为一种自然秩序——在初创企业的世界里尤其如此。然而，当企业的规模达到一定水平时，这种模式就行不通了（或者不受欢迎了）。当第一次听说法拉奇关于共赢的概念和实践时，我立即产生了共鸣。它正是我倡导的、敏捷的服务型领导力的现代方法论。它能帮助领导者和他们的团队根据变革的需要做出反应，提供支持和服务。很明显，它需要大量的时间投入，但是，与此同时，它也是应对当今市场压力不可缺少的。我认为，对其投入时间是完全值得的。

丹 · 施普林格

DocuSign 公司
首席执行官

原则 3 的实践方法

让我告诉你一个秘密：只要真实和真诚地理解这一过程，你就不会出错。正如亚当·格兰特说的："给予者建立善意与信任需要时间，但是他们终将建立起自己的声誉和关系网，帮助自己走向成功。"[4]

服务、分享和关心是一段由好奇心、坦率、脆弱性和行动交织而成的旅程，是一场只有你才能引领的探险。它不是一种递进的过程。你总是在探寻，究竟是什么推动和激励着那些与你共赢的人，使他们成为你团队中的一分子？你总是在思考，他们在工作和生活中真正想要和需要的究竟是什么？而你会帮助他们得到这些东西。

我提供指引这一旅程的建议，你可以从中选取符合自身需要的部分，提高他人的开放性。这也许是最好的办法。下面是我发现的一些最有效的方法，它们能帮助你更好地服务团队成员，在双方的互动中加入更深层的分享。你用不着把这些建议立即全部用起来，可以根据不同的情境选用不同的建议。但我相信，你会发现它们都很有用。

从黄金法则到白金法则

"你想让别人如何待你，就如何待人。"这是卫理公会主日学校教给我的"黄金法则"。作为一项道德准则，它是一种比较可靠的说法。在做一件事之前，先想一想，如果它发生在自己身上，我们有何感想？对大多数人来说，这条黄金法则能帮助我们做到安分守己。

然而，作为变革工具，这条黄金法则表现出明显的局限性。足以激励你，让你斗志昂扬的东西不一定能鼓动与你共赢的人——你的团队成员。

因此，我们需要依靠一种新的准则来赢得他人的准许，我称为“白金法则”——用他人期待的方式对待他们。这需要真正的好奇心、耐心的聆听和向他人学习。它很难做到，所以弥足珍贵，正如白金比黄金更稀有。全世界已开采的白金加在一起，也只能填满一座容纳两辆车的车库。[5]

黄金法则更容易，所以有时不免沦为圈套。你可能自我感觉良好，而你其实是一个听不懂别人话里的意思、狂妄自大的混球儿。我曾多次掉入这个圈套。

刚刚创建绿讯时，我和一家大型食品零售企业的首席营销官迈尔斯过从甚密。我非常喜欢迈尔斯，他让我想起年轻时的自己。因为同样的原因，我发现他常常让我充满了挫败感。我的公司刚成立没多久，当时正在帮助迈尔斯公司的高管团队完成产品的上市策略转型。我认为迈尔斯是同辈中的佼佼者，是真正能够站出来、让变革顺利实现的人。

有一天晚上，我一边和这支高管团队喝酒，一边试图给迈尔斯讲一番加油鼓劲儿的话。我暗示迈尔斯，这个计划会让他从同辈中脱颖而出，因为他那些同辈或多或少对自己的现状感到自满。迈尔斯在他的公司里前程似锦，而且，他未来在公司工作的时间会足够长，应该能贯彻我们正在讨论的战略。到了那时，目前管理层中的多数人都已经退休了。我告诉迈尔斯，他最终甚至可能成为首席执行官候选人。

其他竞争者看上去根本没有接任公司掌门人的机会。然而，在接下来的几个月里，随着我们合作的展开，我越来越无法理解迈尔斯为什么要回避一系列合乎情理的风险。这些风险本身蕴藏着极大的机会，足以提高公司的市场份额，帮助迈尔斯的事业一飞冲天。公司的首席执行官对创新的渴望表现得非常明显，他认为，想在食品领域里领先沃尔玛和其他大型零售商，创新不仅是重要的，而且是决定生死的。于是，我不断地推动迈尔斯挑战自己和高管团队的旧有方式。我想起自己多年前担任集团首席营销官的日子，如果换成是我，我肯定早就急不可耐地抓住这些好得令人吃惊的机会，取得更多的成就和进步了。可是，迈尔斯让机会白白溜走了。

尽管有一肚子的挫败感，但我和迈尔斯很快就成了好朋友。我知道自己取得了他的准许，我想更用力地推动他向前一步。然而，迈尔斯就像一头倔驴，无论我多么使劲儿推他，他就是岿然不动。

我当时刚开始接触咨询这一行，所以，过了一段时间我才发现，问题出在我身上，而不是迈尔斯。他只是不像我年轻时那么野心勃勃地渴望高管职位，没那么充满动力，仅此而已。他对首席营销官的工作，以及这份工作带来的安全感非常满意。至于提高公司的市场份额和疯狂地搜寻下一个大项目，迈尔斯没有多大兴趣。他已经到达了他理想的位置。我那些关于他“可以成为首席执行官，应当更好地经营自己的事业”等加油鼓劲儿的话只会让他深深地感到不安，甚至让他想逃避，虽然我的建议对他大有好处。对我来说，这是我咨询生涯早期一次极其重要的教训。

我根本没有倾听迈尔斯想要成为什么样的人，以及他想要的是什么。他只是想把自己的工作做好，为公司服务。那是我可以用来做工作的切入点。但是，为了做到这一点，我必须放下关于迈尔斯可以一路高升和自我激励式的许诺，因为那只会阻碍他听我说话。我要做的只是专注于我们的共同使命，助他成功，并且是他眼中的成功——尽其所能地做好首席营销官的工作，提高公司的长期竞争力。

我可以从迈尔斯身上看到事业上升的潜力。他之所以这样做，并不是因为对实现这些潜力缺乏兴趣。我见过他迎难而上，在市场上阻击巨无霸型的竞争对手，并且取得了胜利；我目睹了他在产品、销售、市场和分销战略部门的高层领导团队中成功地完成了转型。当同一领域的其他公司纷纷土崩瓦解时，他的公司凭借自身的努力取得了"进可攻，退可守"的有利地位，不断地发展壮大。迈尔斯最终也没有成为公司的总裁或者首席执行官。他心满意足地牵头实施了公司新的市场及分销战略，带领他的团队更进一步。最终，他选择提前退休，去追求对他而言最重要的事：热爱的自行车运动、与爱人共筑爱巢。迈尔斯的故事让我明白了一个道理：理解对方独特的价值认知，并找到恰当的方法让共同使命贴合这一认知，这是非常重要的。

有的时候，团队成员的愿望与现行项目的目标是不一致的。在应对某些特定的挑战时，优秀的职场人士常常会秉持完全行得通但完全不同的观点。在这样的情形下，你会想为什么你要花费如此大的气力来建立坚实的共赢关系。你们如果都珍视彼此的关系，并意识到是在为使命和彼此服务而合作，就会更愿意花时间从彼此的分歧中创造卓越。意见不一致的情况永远存在，有时候，最容易的解决办法就是反思，搞清楚自己的看法应该被放在次要位置，应该让别人做英雄。或者，可以开诚布公地谈一谈，取得一致意见，双方一起努力，超越针锋相对的立场，找到更好的解决之道——但这需要对使命和彼此抱有极深的奉献精神。

需要注意的一点是，当想方设法为团队服务时，我们千万不要盲目地把自以为是的慷慨强加给对方，罔顾他人潜藏的愿望和目标。首先应该认真听取他人的看法。我们不需要拥护他们的选择、偏好、目标或抱负，但是不能不了解它们。

这个教训的价值非常高，堪比白金。

寻找蓝色火焰

如果能找到人们的情感目标，你就可以很快地取得与对方共赢的准许。我把这种情感目标称为“蓝色火焰”。每个人都有自己的蓝色火焰。它给了我们生命的意义，是我们最珍视的东西——我们的理想、激情和使命感。它是我们体内潜藏的渴望，燃烧的蓝色火焰能让人在清晨从床上弹起，迫不及待地想要改变世界。

我在肯的身上发现了蓝色火焰，我的方法具有一定的参考价值，那就是实实在在的好奇心。多问、多了解对方的情况，看对方如何反应。最重要的是倾听。我从自己与本地精神治疗师的合作中学到了一种叫作“发言棒”的团体对话工具。一根代表发言权的短棒，由一个人传递给下一个人。只有手拿短棒的人才能发言，其他人不能打断他，更不能操纵对话。这种方式能强迫你学会聆听，你可以想象自己把发言棒传给了队友，所以你现在只能听，不能说。

为他人的蓝色火焰添一把柴，扇一扇风，你会发现他们的精神面貌因此而焕然一新。如果能把人们的激情和共同使命统一起来，他们对变革的接受度和开放性就会自然而然地提高。那些曾经自我封闭的人会变得开放，听得进你的话，愿意与你打成一片。

这也是我给雷切尔的建议。雷切尔是一家大型电信企业的人力资源总监。她向我抱怨自己的老板马尔科姆——公司的首席执行官接班人。尽管雷切尔多年来尽心尽力地支持马尔科姆和现任首席执行官的工作，但是，她觉得自己对马尔科姆的忠心并没有换来对等的回报。马尔科姆很可能成为下一任首席执行官，可他没有对雷切尔透露过丝毫的信号，告诉她可能会获得晋升，例如，成为公司的下一任全球人力资源总监。

我问雷切尔，她知不知道马尔科姆心中的蓝色火焰是什么。是角逐最高职位，财富，自我实现，权力，还是影响力？我不是想做一个纸上谈兵的心理医生，但我非常怀疑，马尔科姆是不是想尽力证明些什么给某个人看——甚至是早已过世的人，例如已逝的父亲或母亲，他曾经拼命地想要获得这个人的认可。马尔科姆的蓝色火焰到底是什么？

雷切尔发现，尽管自己与马尔科姆共事了 20 年，可她对此毫无头绪。稍加思索之后，雷切尔意识到，马尔科姆总是为自己成为整个行业的预见者而自豪。接下来，她又想到一点：在为马尔科姆工作的

20年里，她一直是个称职、高效的人力资源管理者，但她从来没有为马尔科姆作为预见者做过一丝一毫的贡献。

雷切尔立刻草拟了一个方案。方案是一个战略预测，指明未来在行业剧烈颠覆和市场力量飞速变化的大背景下，公司可能会产生怎样的人力资本需求。合作做好这个项目正是马尔科姆和雷切尔的共赢关系必不可少的。马尔科姆可以带着这项方案参加董事会，人们会认为马尔科姆领导着一支富有远见的队伍——而雷切尔正是其中的一员。

每个人的蓝色火焰都是独一无二的，就像每个人的指纹一样：可以尝试帮助他人点燃他们的蓝色火焰，让它越烧越旺。我敢保证，这是你能在他人身上做出的最好的投资。

一旦发现某位团队成员的蓝色火焰，你就可以在每次与他的对话时直接或间接地提到相关话题。我们在共赢关系中的作用就是对团队成员的成长和发展负责，就像几十年前的经理对待直接下属那样。我们要成为这样一种人——多年以后，当你的团队成员回首往事时，他会真心诚意地感谢你对他的成长和抱负提供的支持。

因此，只要发现了团队成员的蓝色火焰，你就应该为之喝彩，帮助他们培育这团火焰。你还要把自己的蓝色火焰分享给他们。最重要的是，让你的每位团队成员知道，你非常关心他们内心的激情。他们必然对你和你的想法变得更具包容性，你们一定能为强有力的共赢关系建起更大的舞台。

确保合作关系充满乐趣

直白地说，很多人认为自己工作中的很多事完全是苦差事。他们常常会对自己的工作感到倦怠、疏离和灰心丧气。也许你也是这样。盖洛普公司曾经用20年的时间追踪调查人们的工作投入度。2018年，盖洛普的一份报告指出，当年的工作者投入度达到历史新低——34%！[6]换句话说，我们中有2/3的人每天在工作中混日子，在情感和理智上完全不喜欢自己的工作。

出于这个原因，我们应该为自己和同事在工作中的合作关系制造乐趣，这是帮助他们的绝佳方式。你根本无法想象，如果能为人们的工作带来新的使命感、可能性、活力、激情和乐趣，这对他们有多么重要。千万不要低估乐趣的作用。

对有些人来说，当你运用自驱型领导力引领某个具体项目时，仅仅是获得你的邀请，就足以点亮他们的一整天，让他们获得参与感，感到自己与他人心意相通。如果能提高人们的开放性，甚至建立自己的个人品牌，他们就会觉得你总是在和一群共赢的人做着很酷的事，觉得你真正关心自己的团队和使命。

在面试一份工作时，多数人会为新工作岗位的工作内容和目标设想一万种可能性，激发出闪闪发光的兴奋之情。然而，几年——甚至短短几个月之后，工作的现实就会告诉他们，事情根本不是他们当初想象的模样。因此，我们必须帮助那些与我们共事的人重拾最初的想象。

研究表明，大约有半数职场人士声称，他们的工作缺乏真正的意义或价值。[7] 人们并不认为自己的工作有多重要，这反过来让他们变得更加边缘化，更加灰心丧气。这应该是各级管理层都要认真考虑的实际问题。因为同样的研究表明，那些感到工作充满意义的人选择留在任职公司的可能性是那些觉得工作没有意义的人的三倍多。

这应该引起那些想尽力留住员工的经理的重视，这一可悲的现实同样应该引起每个人的重视。我们应该做出改变，把渴望见到的变革变成现实。这取决于你的选择。

为自己的工作找到意义是一种至关重要的人生需求。从很多方面来说，意义甚至比幸福更重要。幸福的生活和有意义的生活不一样。对很多人来说，只要自身的需求和欲望得到满足，就算是幸福的生活。然而，想要过上有意义的生活，我们就必须为他人服务，而且常常要因此放下自己的欲望，有时甚至需要牺牲自己的短期幸福。

这是人们在发挥自驱型领导力时必要的付出——当为团队成员指出一条路，帮助他们发现和收获意义时，你会获得真正的成就感。因为共赢建立在关系而不是僵化的科层结构之上。共赢可能会带来上文提到的成就感和意义，而如今职场缺少的恰恰就是这种成就感和意义。这样一来，你能让每个人在自己的工作中重新找回乐趣。

用数据说话

虽然现在比几年前好多了，但是，作为一个身在他乡的美国人，如果能尽量使用当地语言，你一定会过得非常愉快。

如今的商业世界看重的是“这对我有什么好处”，实用主义和交易思维是人们的默认语言。仅凭鲜明的观点，即使再容易被对方感觉到，也不足以让人参与到你的目标中来。唯有热情，加上无可辩驳的事实，才是最好的办法。

初次结识易贝的前首席执行官德文·维尼格时，他还在路透社工作。我当时在指导他的高管团队完成一次大规模收购。路透社当时的首席人力官是约翰·里德-多迪克。约翰告诉我，绿讯的工作方式给了他和德文信心，这与我出色的口才并没有太大关系。反而是我发表在《哈佛商业评论》等媒体上的几篇文章给他们留下了深刻印象。那些文章论辩有力，有完备的研究数据做支撑。

德文和约翰对团队作战的必要性深信不疑，但他们作为老练且受过正规训练的律师，希望自己的想法是有数据支持的。而我的实证研究很好地证明了，坦率、相互联结、脆弱性和同侪问责能为团队的业绩表现和股东价值带来可以衡量的影响。这些文章说到了他们的心坎里。

这个例子说明，有充分依据的研究和数据能在建立关系的早期激发开放性——它能有效提高开放性，继而让真诚和慷慨发挥作用。因此，尽管有些首席执行官可能也重视他们通过共赢得到的个人发展和情感成长，但是，说到底，真正能在初期吸引他们注意力的仍然是可衡量的收益。因此，你首先应该带着清晰可靠的数据走近他人，而不是加深关系的前景，前者才是绝大多数商界人士熟悉和适应的语言。

展示脆弱的一面

同理心是帮助我们建立强大人脉的关键因素，它帮助人们为共赢做好准备。拥有同理心的关键在哪里？答案是：脆弱性。

我说自己是个内向的人，是通过后天学习变得外向的，可是大多数人都不相信。我抱着明确的目的和坚定的决心，付出大量的努力，才能做到真正外向的人轻轻松松就能办到的事。

我学到了一点：当想和别人建立联系时，无论是站在讲台上，还是一对一交谈，我都需要分享自己曾经的挣扎、困难和失败。好消息是，这些我经历过太多了。我可以谈自己的蓝领工人家庭出身，聊聊贵族学校带给我的不安全感——那里满是有钱人家的孩子，他们要什么有什么。我还可以谈谈养子带给我的挑战，我们是怎样一同走过苦痛挣扎，一起找到出路的。我甚至会公开谈论自己最近恢复单身后的各种难处。我对自己过去工作中的种种缺点，以及现今工作中需要继续提高的领导技能毫不讳言。我曾经刻意隐藏这些弱点，因为我怕这些弱点会遭到他人的评判。

之所以这样做，是因为我想让每个人都知道，我和他们走过同样的平凡之路。我就是这样赢得他人信任的：展现真诚，表达自己对共赢的渴望。一开始，这种直截了当的对话可能会让人觉得不安，但是，很快，它就能消除隔阂。我们分享自己深藏的一面时，他人也会摘掉自己的面具，这是创造同理心和更高开放性的不二法门。

当这样做时，我总是抱着明确的目的、周详的考虑和清晰的意图。这并不代表我是不真诚的人，或者想要玩弄他人于股掌之上。我只是发现，软弱的一面可以成为个人关系和工作关系中一个重要的切入点，它能帮助我们有目的地建立和强化与他人的关系，与虚伪或者做作毫无关系。深度关系的建立非常重要，我们不能不在意它，我这样想，所以也这样做。

我并非一开始就能做到这一点。刚步入职场时，我常常有深深的不安全感（现在偶尔也会如此）。当和他人见面时，我总是自吹自擂，抛出许多大佬的名字，急于建立信誉。我会刻意地隐藏自己的弱点。我站在讲台上侃侃而谈，告诉别人应该如何接受变革带来的不确定性，其实我连自己的缺点和弱点都不知道，这会让我感到无比虚假。我们都曾精心建造过各种各样的"基座"，用来撑起自己的不安全感，如今，我们要从那些基座上爬下来。我们必须从那些"保护"自己的墙壁后面走出来，和团队成员并肩前行，情况再棘手也没关系。

作家布琳·布朗把脆弱定义为不确定性、风险和情感表露的混合体。布朗是休斯敦大学社会工作研究生院的一位研究教授，多年来一直研究羞耻感带来的消极影响，形成了一套关于羞耻感复原力的理论。她在畅销书《脆弱的力量》中指出："我们渴望遇到那些有勇气说出'我需要帮助''是我的错''我再也不要简单地用职位或者收入来定义成功了'的人。"[8]

我们并非为了脆弱而脆弱，而是为了与他人建立起真诚的关系和信任感。我们必须成为共赢关系中首先行动的那个人，同样的道理，如果想和他人建立联系，我们就要做首先表态和行动的那个人。我们常常要做第一个敞开心扉的人，分享我们的挣扎、在工作和生活中遇到的困难，把自己一路走来的经历通过坦诚和不加修饰的话语娓娓道来。话虽如此，有时我也会搞砸，也会隐藏自己。也许我会担心，一位来自另一种文化背景的高管会不会并不欣赏我的开放？会不会因此对我和我的公司做出消极的判断？但是，隐藏从来都是不管用的。每一次选择隐藏，我都会看到自己说出的话对听众的影响力明显减弱，远远达不到我期待的效果。每一次选择隐藏，我都会后悔没有展现真正的自我。

几年前，人们还能走进同事的办公室，随意聊聊墙上挂着的照片，说说共同的经历，找到建立关系的纽带。“你也打高尔夫吗？我每个周末都会上场。”这种闲聊令我痛苦，但这样的对话自有其作用。就拿我和肯的对话为例，我们都很喜欢每年在内华达州举行的火人节。我们会一边说着自己在火人节上的经历，一边大笑。这样的对话很好玩，但它并没那么重要。在共赢关系中，这样的交谈仅仅为我们打开了一扇门，带我们发现浅层对话之下的真正有意义的热情和梦想。

要想找到双方共同的热情，可以试着从下面四个角度提问：家庭、职业、娱乐消遣、梦想。无论面对什么样的人，只要从这四个角度出发，提出充满好奇心的问题，你就可以看到他们的蓝色火焰在其中一两处燃烧着。蓝色火焰也是你带给这段关系的价值——你是一个足够好奇、足够耐心的人，你会帮助对方发现他们的热情所在，让他们过上和其价值观一致的生活。

想与他人建立关系，不一定非要找到共同的兴趣。我们要做的就是分享自己的兴趣，分享那些对我们最有意义的事。这需要真正地袒露自我，只有先敞开自己的心扉，团队成员才会敞开他们的心扉。为了建设同理心，启发对话，你要提前准备足够的谈资——那些你之所以是你的事、让你起鸡皮疙瘩的事、让你哽咽的事。话题不要准备得太宽泛，因为如此一来，你本指望发现与他人尽可能多的共同点，结果却是每一点都如浮光掠影，浅尝辄止。

真正地关心

为了建立和维系与他人更深层次的关系，绿讯的很多客户使用了一种被我称为“生活/工作摸底”的方法，取得了很好的效果。这种方法鼓励每位团队成员发现眼下对自己的生活最重要的事。这个方法主要是为了避开礼貌的闲谈，单刀直入地理解每位团队成员心中最大的担忧。

我们指导高管团队，在增强他们的同理心和投入度时首先引入了这个概念。如今，经常有人告诉我，他们在工作中和每个人打交道时都在认真地使用这种方法。我本人也会在每次和他人互动时使用它。我会试着放开自己，说出心里话，然后邀请对方也这样做。这种方法可以在面对面时使用，也可以在打电话或者视频通话时使用。我可能会打电话给某人说：“嗨，乔，我是基思·法拉奇。伦敦今天的雨大吗？你的周末过得怎么样？昨天是父亲节，我不得不说，这是我人生中最棒的父亲节。平生第一次，两个养子同时热情地祝我父亲节快乐。我被感动得一塌糊涂——这太有意义了。我迫不及待地想和你聊聊近况。你最近过得怎么样？有没有什么新鲜事要告诉我？”

做好“生活 / 工作摸底”，最重要的是，你要有意愿首先迈出第一步，分享自身情况——既包括生活中的，也包括工作中的。然后，问问对方的情况，听听他们怎么说。

要把这种做法变成你和团队成员的一种习惯，见证它带来的奇迹，见证它如何消除成见，就像清早的太阳驱散晨雾一样。我喜欢用南希和吉姆的故事来说明这一点，他们是我合作过的两位高管。南希在一家传统制造企业负责产品开发，吉姆是这家企业的销售负责人。两人分歧不断。吉姆是个苛刻的人，地盘观念特别强。他不允许南希和她的团队染指销售部门的工作，哪怕是最普通的工作，只要涉及销售领域，他都不准南希碰。南希不喜欢冲突，虽然她表面上看似没事，却在背后使劲儿抱怨。她认为自己的团队遭到了冷落和排挤。

南希和她的团队懂得如何更好地把开发的产品推向市场，可是吉姆从不允许他们提出建议，哪怕一次也不行。

就在公司高管举行下一次季度晚餐之前，首席执行官批准南希开展了一次“生活 / 工作摸底”，对象包括每一位即将参加晚餐的高管。吉姆认真地参加了这次摸底，这让南希惊讶不已。吉姆向他的高管团队透露，他的妻子，也是他从高中时起至今的爱人，近年来一直深受癌症的折磨。他坦陈自己一直在巨大的压力下苦苦挣扎。他知道自己有时对同事没耐心、爱发脾气，为此他深表歉意。吉姆说，他正在考虑提前退休，这样他可以有更多时间照顾妻子。

听到这一切，南希第一次对吉姆产生了深深的同情。她意识到，吉姆每天要在家里承受巨大的精神压力——这种压力是南希无力应对的，更别提他在工作中承受的异乎寻常的压力了。几乎是在一瞬间，南希叩开了关系的大门，她要和吉姆更紧密地合作。

一个星期后，南希邀请吉姆共进午餐。她不确定吉姆会不会接受邀请，毕竟那是她第一次邀请吉姆，然而吉姆毫不犹豫地接受了。南希在午餐时告诉吉姆，她想帮助吉姆打开眼前的局面。她提出一种销售团队和产品开发团队合作的新方式，这样可以帮助吉姆分担一部分耗时费力的数据分析工作。南希知道这是吉姆负责的但他并不喜欢的那部分工作。

如果放在往常，吉姆也许不会让人染指他的任何工作。但是这次，他接受了南希的提议，还对南希的慷慨表示感谢。南希又问吉姆，他家里有没有什么事需要帮忙，她认识几位当地医学院附属医院的医学专家，他们都是令人敬重的好大夫。南希的表亲恰好是那里一位著名的内科医生，南希想把他介绍给吉姆。吉姆对南希说："南希，这简直太好了，谢谢你！"

后来，吉姆的妻子完全康复了。吉姆继续留在公司，他和南希的关系变得大不一样了。

如今，当南希的团队向销售团队提出问题时，吉姆会关切且及时地给出回答——放在过去，吉姆根本不可能回复。吉姆和南希甚至开始合作开展一些新的项目。

吉姆和南希之所以建立起全新的关系，完全得益于南希提议开展的"生活 / 工作摸底"。在了解吉姆的情况之后，南希更愿意谅解他之前的所作所为。她变得更加慷慨大度，一心想办法支持吉姆，帮他走出困境。这一切让吉姆变得开放了。共同创造更紧密的关系，不仅消除了南希工作中最大的挫败之源，还为两人在很多项目上的合作扫清了障碍。他们的努力让他们超额完成了营业收入指标，同时，公司也受益匪浅。

归属感与成就感

需要记住的是，每一支卓越的共赢团队都会把“献身使命，共同担当”这句话奉为圭臬。它蕴藏着巨大的力量，因为它呼应的是两种最根本的人性需求——归属感、成就感。

疏离感是这个时代的一大顽疾。我们总会在自己的团队中发现格格不入的人。开放的反义词是“闭塞”，职场中自我封闭、看起来难以触及的人总是有的。难就难在如何唤起他们心中对归属感的渴望。这种不可动摇的需求早在远古部落时代就已经深深植根于人类基因，是我们天然的需求。它被个体心理学鼻祖阿尔弗雷德·阿德勒称为“社群感”。它是我们心理健康必不可少的组成部分。

有一次，我为一家主流化工企业的高管团队做咨询。在一次晚餐上，话题转向了个人。高管们谈起现在和以往经历的困难，他们的谈话超乎寻常地坦率，每个人都展现了自己脆弱的一面。就在这时，一位叫道格的高管突然说：“我不会和你们谈论个人生活的任何事。我认为那样很不合适。”

谈话瞬间因尴尬而中止了。片刻之后，谈话继续，但是人们已经远不如之前那样亲密无间了。这太让人遗憾了。这支团队短短几个月完成了极大的转变。就在上一次聚会时，我还能感受到他们之间存在明显的紧张和压力，在这次晚餐中，他们显然像一支真正的团队一样，彼此亲密多了。从他们的互动中，我能看到喜悦和关心，而且这支团队的工作业绩一直在稳步攀升。

那天晚餐结束后，我把道格拉到一边。我温和地对他说，他当然可以选择只分享自己想分享的内容。但是，我有更重要的问题要问：他到底想不想得到同事的信任，想不想和他们紧密相连，成为这支冉冉上升的、关系密切的新团队的一员，并且是得到信任、受到重视的一员，如果是，他想通过怎样的策略做到这一点。

每个人都有权选择向自己的同事敞开心扉，或者保持距离，这全凭自己。但我真的非常好奇，道格认为我们的做法不合时宜，那么，他究竟想通过这一判断传达怎样一种信号？

在面对那些拒绝敞开心扉、置身事外却又不断观望的人时，不带主观判断或指责地问这类问题会很有效，他们为自己留的一手是什么？他们究竟抱着怎样的目的？我要搞清楚他们对自己的现行项目和团队成员的感受。我喜欢问他们，关于现行项目的运作方式，他们到底喜欢哪里，不喜欢哪里？过去有没有哪支团队是他们特别喜欢合作的？只要搞清楚现在的工作中对他们来说缺少了什么，我就可以在未来想方设法把缺失的要素补上去。惯于疏远他人的人通常带有某种伤痕，这会让人与人的互动在他们身上变得加倍困难。他们都是值得同情的人，因为，这绝对是一种悲惨的生活方式。

道格的反应让我看到了他对走出个人边界的畏惧和不情愿。那天晚饭后，我问道格，他为什么要那么说。道格并没有透露太多，只是反复说他的私生活就是他自己的私事。我告诉他，我尊重他选择不分享的自由。

但是，在下一次开会时，我发现道格对同事放开了一些。他主动提出把自己的一名支持人员借给另一位拼命赶进度的团队成员。同时，他还对那位在需要帮助时求助的同事表达了钦佩，说这在公司算得上难得一见的奇事。当他们聊起各自的生活时，道格相当轻松地告诉大家，他特别盼望周末的到来，因为他的大儿子会在那个周末回家看他们。道格的大儿子在读大学，他极少在公司里提到自己的孩子。此前甚至没人见过他对任何事表露出丝毫的兴奋之情。

是什么引发了道格的转变？只是一次简单的助推：我向道格提出一个富有同理心的问题，触发了他的反思。他意识到，自己真的想成为更伟大的事业的一部分。这家公司正在形成一支日益团结的团队，道格想成为这支团队的一分子。

有些人就像是站在不远处观察我们且没有安全感的孩子。他不敢走近我们，是因为担心遭到拒绝。我发现，即使是最孤独的人，也需要令他安心的指引，他需要走进群体的怀抱，让自己放松下来。

这一点再怎么强调都不为过：我们天生需要归属感。我们都需要成为群体中一名有价值、有贡献的成员。我们都渴望与他人紧密联系。即使血脉中游猎采集的本能已经被淡化，我们也会本能地认识到，在现代生活中，生存离不开对社群的重新发现。

持久地经营关系

取得他人的允许并不是一劳永逸的。共赢关系可能会慢慢消失，也可能退步到共存状态，甚至是抵制状态。这时，我们必须告诫自己，恢复共赢关系的责任就在我们的肩上。

如果想成为团队的领导者，或是具备领导力，你就别无选择。当在共赢的道路上越走越远时，你必须更加仔细地检查自己与他人的关系“油箱”：它是不是需要加油了？

团队成员没有保持关系“油箱”的充盈，这导致共赢关系沦为共存状态（甚至更糟），这样的例子我见得太多了。在新压力出现或者工作优先级发生变化时，人们的共同目标可能会发生改变，这会让双方经营多年的共赢关系和与之相伴的个人成长毁于一旦。

詹妮弗和梅格的故事就是个好例子。詹妮弗是一家大型区域货运公司的首席运营官，梅格是这家公司的首席财务官。梅格的性格相当火爆，她和詹妮弗过去的关系不太融洽。后来，公司委派两个人共同为高管团队起草一份新的战略规划。几个月的并肩作战让詹妮弗和梅格成功地建立起共赢关系。

她们起草的战略规划大获成功。这是她们真正做到协同创造的结果。然而，到了没有共同任务需要分担时，詹妮弗和梅格之间的关系开始发生变化。一开始，她们取消了每个星期的单独会面，到最后基本上没有任何会面安排了。在大型团队会议之前，她们也不再花时间碰头，召开预备会议了。

有一天，梅格突然宣布了母公司首席财务官下令执行的预算削减安排。这样的坏消息通过这样的方式从天而降，这让高管团队的所有成员大为震惊。会议结束后，詹妮弗问梅格，她能不能和梅格一起回她的办公室。她在路上告诉梅格，下次可以考虑先给团队一个解决自身财务问题的机会，而不是把他们直接推入不得不执行母公司严苛的预算削减命令的境地。梅格并没有听进詹妮弗的话，她决绝地说，她只不过是命令链条中的一环，公事公办。不仅如此，梅格还反驳道，如果其他高管对预算削减不满，他们大可以在此之前付出更多的努力，完成好自己的销售任务，或者干脆主动削减自己的预算。

这让詹妮弗火冒三丈。短短几个月之前，她还在和梅格紧密合作，如今梅格说的一切只会让她感到自己遭到了背叛。生气归生气，她不应该对这个结局感到惊讶——詹妮弗打电话给我时，我就是这样告诉她的。詹妮弗了解梅格，知道她不是容易相处的人。但是，詹妮弗早已不再帮助梅格，也不再与梅格分享生活上的事了。她不仅停止了这些必不可少的努力，还停止了“工作 / 生活摸底”。詹妮弗对梅格的蓝色火焰不再感到好奇了。因此，梅格的开放性基本上关闭了。于是，梅格对詹妮弗故态复萌——这都是因为詹妮弗不再付出共赢必不可少的努力了。正因如此，当梅格收到预算削减的指令时，她根本懒得向詹妮弗发出预警信号，更不会想着和詹妮弗一起制定备选方案。结果，这让詹妮弗和她的团队，乃至整个区域公司痛苦不堪。

詹妮弗把这些情况讲给我听，我提醒她注意“从自身找原因”的原则。当团队成员的行为出现倒退时，我们一定要问问自己：“发生了这样的情况，我的责任是什么？为什么我当初没有更努力地了解他们的需求?”

我问詹妮弗:“一味地责怪梅格，能给你和团队的使命带来什么帮助?如果牺牲的是我们的时间、我们的使命，那么责怪是毫无作用的。是你没有保持火焰旺盛，要怪只能怪你自己。”

如今，每个人都有很多事情要做，有些我们需要吸纳进团队的、重要的人根本不需要听我们的指挥——即使他们是为我们工作的。所以，我们需要换一种方式与人打交道，换一种办法把他们纳入自己的团队。只有这样，我们才能完成使命，赢得领导者不可或缺的信任和信心。多数人所在的团队并不完全是由直接下属组成的。这正是最需要发挥自驱型领导力和共赢力量的所在。

袁征 | **Zoom公司首席执行官**

风险共担

在布伦特伍德那次难忘的早午餐之后，我和肯在几年的时间里成了惺惺相惜的好朋友。在我的公司Pocketcoach遭遇现金危机时，肯对我和公司提供了巨大的帮助。作为投资人和顾问，肯在最艰难的时刻站在了我们身边。在我们的现金流即将枯竭的时候，他信守承诺，不仅追加了更多投资，还帮助我们开启了新的融资工具。在我最害怕、最消沉的时候，只有寥寥几个人可以倾诉，肯就是其中之一。

后来，肯遭遇了一连串厄运，他的公司陷入了困境。就在他焦头烂额的时候，他的很多朋友抛弃了他。肯的苦日子持续了差不多两年。我不断地和他联系，掌握他的近况。有时候，在出差之后，我会直接飞到洛杉矶，和肯吃上一顿晚餐，帮助他暂时忘掉苦恼，哪怕只忘掉一个晚上也是好的。有一次，一个年度政治活动“不小心”漏掉了肯的邀请函（经办人曾经是肯的朋友，那些不再需要肯、溜之大吉的“朋友”中的一个）。我用自己的邀请函带他同行，一起参加了那场活动。

肯一直是我最亲密的朋友和知己。我们会是一辈子的好友，因为我们一起走过了顺境和逆境、高峰和低谷。一起走过的风风雨雨把我们拉得更近。在漫长的一生中，我们会与形形色色的生意伙伴和同事一起赚钱（或者赔钱）。但是，远比这更可贵的是，我们的生活中有愿意帮助我们、和我们分享信息、关心我们的人。

服务：用慷慨的精神和行动引领他人、帮助他人，拥有共同的使命和目标。这些使命和目标是你们共同筹划、形成和实现的。

分享：在你和你的团队之间建立关系、做出承诺。

职场旧原则：要说服团队成员攻克一个项目或者完成一项使命，我们必须提出足够有激情和说服力的理由。

职场新原则：想邀请团队成员加入项目或者完成使命，我们必须通过服务、分享和关心赢得他们的准许，准许我们领导他们。

原则 4

提高你的职场社交商

21 世纪的领导工作就是创造敏捷的、有利于合作的环境，这意味着跨越团队和科层。Box 公司的一项核心价值观就是“成为主人翁”。无论身处哪一层级或者隶属于哪支团队，任何一名 Box 的员工都要感到自己能够成为自驱型领导者。它的全部要义在于打造团队，以做实事为目标，以实际行动为准绳。最重要的是，要保证每支团队和每个人在偶尔遭遇失败时不会感到害怕。我们会进行坦率而有益的复盘，它能帮助我们不断学习。所谓前事不忘，后事之师。

阿隆·列维　　**Box 公司**
首席执行官兼联合创始人

2014 年，布莱恩·康奈尔被任命为塔吉特公司首席执行官。这个消息让我兴奋不已。早在布莱恩担任西夫韦公司总裁时我们就认识了。他帮助我们的 Greenlight Giving 基金会启动了 Big Task Weekend 项目。这个项目团结了众多企业领导者，包括凯撒医疗机构的伯纳德·泰森和当时还在通用电气供职的贝思·康斯托克等人，旨在共同提升公众健康与福利。

当布莱恩走马上任时，塔吉特面临着很多严重的问题。但是，根据我对布莱恩在西夫韦取得的成就的了解，我知道塔吉特选对了掌门人。在接下来的 2016 年，布莱恩和他的转型团队遇到了一些棘手的问题。塔吉特门店的客流量和销售额要么下降，要么原地踏步。节假日的销售额大幅下滑。公司连续几年无法达到投资人要求的盈利目标。华尔街分析师都认为，塔吉特这一次难逃失败的命运，它会成为下一个被亚马逊这只巨兽碾碎的大型零售商。[1]

2017 年 2 月，布莱恩宣布了一项规模达 70 亿美元的战略计划。他准备大刀阔斧地重塑公司的竞争地位。消息一传出，塔吉特的股票应声而跌，创造了公司历史上最大的单日跌幅。[2] 华尔街分析师断言，塔吉特计划用于提升公司自有品牌、店面装修、线上购物以及送货服务的投资将是竹篮打水一场空。塔吉特是在拿有用的钱做无用的事。

结果，布莱恩和他的团队只用了不到两年的时间就证明了分析师之前的判断是完全错误的。截至 2019 年 8 月，塔吉特的股票回升至历史高位。[3] 与 2017 财年相比，2019 年的营业收入增长了 7% 以上。塔吉特的股票在 2019 年 12 月创下新高。短短 12 个月，这家公司的市值翻了近一番。[4]

在塔吉特的转型过程中，最引人注目的是，它在两年半的时间里推出了 30 多种自有品牌产品。塔吉特的自有品牌成了公司盈利的巨大推动力量，成了标志公司“平价时尚”定位不可或缺的要素。因此，塔吉特设定了 100 亿美元的自有品牌收入目标，这也意味着零售行业历史上前所未有的品牌引进工作。[5]

塔吉特通过大量的实践证明，引入一种新品牌所需的时间通常为一年以上。而摆在塔吉特品牌设计实验室负责人戴维·哈特曼和公司知识产权法务团队负责人史蒂芬·李面前的难题是，他们每年要设计和注册至少10个品牌，给每个品牌的时间最长不能超过5个月，而且只许成功，不许失败。

2016年被称为零售行业的末日之年，数以千计的零售企业纷纷破产或者关停店面。这是实体零售企业的“洗牌”之年。塔吉特如果想生存下来，哈特曼和李的团队就必须彻底变革合作方式，做其他零售企业从未做过的事。

重大的颠覆和对变革的需求带来了不可思议的局面，它要求人们提出不可思议的办法。塔吉特团队从新的、更深层次的合作中发现了解决之道，我把它称为“共赢式协作”。在公司大胆的目标驱动之下，塔吉特团队快速而忠实地运用下面这个简单的公式，取得了革命性成果：

革命性成果 = 彻底兼容 + 大胆吸收 + 敏捷性

下面是对这个公式的拆解和分析。

彻底兼容，指的是紧紧抓住真正的多样性，对合作过程中的各种意见和信息采取兼收并蓄的态度。它的要点是，接纳和融入更广泛、更强大的团队，挖掘和吸收独特的、有力的创意和看法。

塔吉特公司的哈特曼和李意识到，要想快速完成如此多的品牌设计和法律注册工作，他们必须更快地吸纳更多的人手。哈特曼很早就邀请了来自市场营销部门、运营部门、采购部门和产品设计部门的同事献计献策，而不是仅仅像以往那样由品牌设计实验室邀请部门以外的人给他们的工作提意见。

由于快节奏和超大的工作量，多数线性审批流程被搁置不用。从前，李领导的律师团队和他们的助手只有在人们征求意见时才会介入，通常是在流程的末段介入，采用的是打钩儿审批的形式。如今，他们会提早参与进来，更频繁地介入，参与方式也变成邀请每个人提出意见，再回答大家提出的问题。

彻底兼容吸收了组织里每一位员工的观点，包含了可触达范围内最广泛的部门和专业领域，带来了突破性的创意和创新。正如苹果公司首席执行官蒂姆·库克所言："我们相信，只有多样化的团队才能创造出最伟大的产品，我指的是多样化的广义概念。苹果的产品之所以能做到真正地卓越，其中一个原因就是，创造这些产品的人不仅有工程师和计算机科学家，还有画家和音乐家。"[6]

大胆吸收，是你向彻底兼容的团队征求坦率的、充满勇气的反馈意见时能得到的最好的礼物。当团队成员能够公开地通过有来有往的对话参与工作时，他们会对什么是最好的方案、什么方案不够完美、哪些方面应该加强或弱化展开辩论。各种各样的创意在这个过程中得到筛选、分类、辨析和确定。

李的法律团队开始定期参加品牌设计的头脑风暴会议，这在公司历史上是前所未有的。在此之前，这样的会议只是品牌设计实验室的专属。从此它变成一个公开的论坛，新的概念在这里得到分享，各种观点的可行性和相对优势在会议上得到研究和讨论。它变成了创意的靶场，这在塔吉特公司原来孤岛式的旧工作方式之下是无法想象的。彼时，团队礼貌有加地通过电子邮件沟通，使用正规的演示文稿做报告，简单的一件小事动辄需要几个星期，甚至几个月。

大胆吸收的形式引发了品牌设计实验室一些人的焦虑，这也是情理之中的事。哈特曼回忆起当时的情景："我的团队变得很紧张。他们担心，法律团队的早期介入和参与也许会毁掉设计实验室的创意，使得这些创意还没来得及实施就惨遭否决。"哈特曼说："对这种类型的协作而言，我们必须具备征服深水区的能力。"

由此可见，大胆吸收不是为胆小怕事的人准备的。它要求我们坚定果敢，不怕因为提出最大胆、最优秀的创意而被人指摘和拒绝。大胆吸收容不下对冲突的回避，如果每一位团队成员都因焦虑和不安而对创意有所保留，那么，最后大家都会是输家。

敏捷性，指的是把彻底兼容和大胆吸收变成行动，作为一种持续迭代的阶梯函数，直到把工作完全理顺。长跑式的项目周期被打散，变成了一段接一段的短跑。对项目情况的摸底更频繁了，各支团队更加聚焦于短期成果的达成。这些成果推动变革的步伐加速向前。这种方法更广为人知的名字是"敏捷开发"。它起源于 20 世纪 90 年代，软件开发者需要抛弃传统的代码编写方式——太过缓慢和笨拙。在被应用于其他领域时，敏捷性使得快速取得革命性突破成为可能。通过创意和设计驱动执行，了不起的突破常常只需要几个星期或者几个月，而不是几年。

塔吉特的流程活力十足、灵活敏捷，它是围绕管理层的每周会议开展的。出席者站着围成一圈，对流程中的品牌工作展开连珠炮式的快速评议。哈特曼和李的团队，加上来自营销部门、产品设计部门和销售部门的负责人会记下出现阻碍的地方，通过协作提出解决方案。周中工作会议常常会让法务部门的同事参加，主要内容是运行实时数据库，搜索已注册商标的品牌和品类，做出校正和调整，当场敲定新的品牌设计方案。

这种迭代方法降低了不必要的调整和脱离正轨的风险，能够避免浪费数周，甚至数月的工作量。然而，想要正确地做到这一点，就必须在设计和执行的每个阶段创造开放和直率反馈的氛围，对百花齐放的想法和看法做到兼容并蓄。

到 2018 年第二季度，塔吉特取得了 13 年来最佳的财务指标。[7] 在 2018 年 11 月的财报电话会议上，塔吉特的首席商品官告诉华尔街的分析师，公司新的、声势浩大的品牌推广战略取得了成功，正在实现预期的回报。[8] 2019 年 3 月，《快公司》杂志把塔吉特列为全球最富有创新性企业年度 50 强中的第 11 名[9]，称赞塔吉特完成了“令人惊叹的品牌内部培育”[10]。

这就是共赢式协作通过彻底兼容、大胆吸收和敏捷性带给我们的成果。这种协作能为真正的共赢创造空间，帮助每个人更深刻、更全面地理解如何在组织内部取得更大的成就。李和哈特曼指出，同以往相比，他们都对彼此所在的领域有了更深刻的认识。

参与这一过程的所有团队，包括创意、法务、市场营销、运营、采购、销售、产品设计在内，都更好地认识了塔吉特公司的整体价值链。这帮助他们更快地沟通，避免了单纯的误解，帮助他们对紧迫的工作做出了更加快捷的反应。

简而言之，共赢的核心在于团队。只要拥有正确的团队成员，在彻底兼容、大胆吸收和敏捷的工作环境中开展伙伴式的合作，你就可以期待超乎寻常的成果。我们正在这个新的、速度越来越快的、由数字引领的世界中不断地加速演进，必须为此完成心智模式的转变。这是更协同、更敏捷的工作环境的必然要求。发挥自驱型领导力和影响力是一种更高的演进能力，它有利于培养有意义的合作伙伴关系。这种关系建立在共同的理想和目标的基础上……它最终会创造出一种基于信任、真诚和尊重的新文化。

迪克·约翰逊 | Foot Locker 公司首席执行官

共赢与突破性解决方案

颠覆式的变革需要这种真正意义上的共赢式共同创造。无论是小型的个人项目，还是塔吉特式孤注一掷的大项目，人们都需要携手走向更高的成就，找到突破性的解决方案。我们需要在市场的各个层面找到更具创新性的、前所未有的解决方案。我们需要更快地对市场变化做出反应和调整，实现完全的共赢，只有这样，每支团队中的每个人才能变得更强大，才能为不远处潜藏的威胁做好准备。

近期出现了很多争论，争论的焦点是通过协作式、跨部门团队完成工作的必要性。我也许应该对这些争论感到高兴。但是，我只看到人们滔滔不绝地议论，却很少见到塔吉特式的突破性成果。

每当问新客户协作式实践时，我往往会得到相似的回答："我们本身就是一支高度协同的团队，大家合作得非常好。"然而，这就像我问孩子有没有打扫房间一样。乍一看，他的房间确实很整洁。但是，只要打开衣柜的门，或者往床底下看一眼，情况就完全不同了。

本书前言引用的德勤人力资源专业人士调查报告显示，大部分人力资源从业人员不了解跨部门团队的运作方式，更不懂如何为之提供指导，提高跨部门团队的工作成果。面对产业颠覆的大背景，这种必备的管理能力的缺失可能会造成数十亿美元的生产力损失。

最近我与詹姆斯有过一次谈话，他任职于全美最大的银行集团之一，在那里担任首席营销官。詹姆斯讲述了手机银行领域的消费者革命是如何在多个银行零售产品线上吞噬他公司的市场份额的。然而，他的公司合作打造手机银行产品的努力却由于业务部门领导的争权夺利举步维艰。

合作应该由首席营销官詹姆斯牵头吗？他是维护客户数据、追踪最新的消费者研究的人，也是第一个向高管团队提出这个问题的人。或者应该由银行零售业务负责人担纲吗？毕竟她的部门受到的冲击最严重。又或者应该由首席数字官负责？他可是首席执行官专门聘请来应对数字化挑战的人。首席创新官如何？他是首席执行官为了内部变革而专门聘请来的。首席技术官呢？他熟悉公司的技术架构，并且掌握着公司与技术有关的所有预算。抑或由战略部门的负责人挑大梁？他早就敲响了警钟，还一度考虑在团队努力失败的情况下开展技术收购的可行性。

这家银行急需一套行之有效的手机银行解决方案，以保持对年轻用户的吸引力。这是每一位员工都认同的。但是，由于缺乏共赢的心态和有效的协同行动，整个流程陷入争夺控制权的僵局。詹姆斯坦陈，这个情况实在令人难堪。公司投入了如此多的资源，培养了那么多聪明绝顶的人才，却没能产生任何有意义的成果。当写到这里，回想起在大大小小的企业里见过的类似情况时，我感到非常揪心。

实际上，如果能够有效利用其庞大和忠诚的客户群，成为率先起跑的先驱者，老牌企业应该比那些扮演挑战者的初创企业拥有更多更强的优势。2016 年，很多人认定塔吉特已经不行了，只有布莱恩·康奈尔意识到，塔吉特需要投入 70 亿美元来“颠覆自我”，保持生存。但是，能够跳出自己的条条框框、拥有如此雄心壮志的企业就如凤毛麟角。我发现，即使是比较进步的、已经推出创新业务孵化器的企业，在批准和投资自己一手孵化的、前景光明的创意时，也会表现得很勉强。

20 世纪 90 年代，我们在喜达屋的团队由充满创意的首席执行官直接领导。这支团队完成了酒店业的多种创新。我们推出了一项绝无仅有的奖励计划，它不设任何日期限制。我们设计了舒适无比的“天梦之床”，用设计师设计的洁白床单代替了当时成为行业标准的、丑陋无比的涤纶床单。我们还推出了精品轻奢酒店 W，并在每一间 W 酒店的大堂里开设了最新潮的酒吧。我们的团队是当时酒店行业的创新先锋。

离开喜达屋几年之后，我听说了爱彼迎的创始人四处寻找初创企业投资者的故事。当时，我认为爱彼迎的商业模式很有趣，但是不具备大规模实施的可行性。试想一下，人们为什么要把自己的一个房间出租给陌生人？谁会想住在别人家里，放弃品牌酒店带来的可预测性、私密性和便利性？

早在 20 世纪 90 年代，也就是爱彼迎诞生的近十年前，几个年轻人在旧金山喜达屋的一所房子里提出了一个大胆的想法——把几处精品私人住宅的出租纳入“喜达屋优先顾客”计划。时至今日，我还在好奇，如果当初那个创意通过了，后来会发生什么？这个想法实现起来其实并不难。因为当时我们的产品列表已经包含欧洲的一部分小型单体奢华酒店了。

这样的大胆创意也可能来自组织外部。如果我们的团队能跳出日常的对话，见见公司之外那些处于萌芽状态的创业者，见见我们平时根本不打交道的人，会发生什么？双方有没有可能共同创造出真正具有颠覆性的解决方案？我们有没有可能完全克服对品牌完整性和产品一致性的一贯担忧，欣赏这种打破常规的概念的价值？

一想到我们过去的创新和开放程度，我就不禁对此表示怀疑。

也许，只是也许，如果在这些足以影响喜达屋的人中出现了一位更开放、更热切的人，我们当时就能建立起完全不同的对话，也许早在那时就推出喜达屋版的爱彼迎了。

实际情况恰恰相反，看看这个行业一路走来错过了什么。爱彼迎是硅谷历史上最有价值的初创企业之一。截至2019年底，爱彼迎的市值超过300亿美元，并且开始盈利，持续发展壮大。[11] 如今，美国酒店市场收入的20%被爱彼迎收入囊中。[12] 爱彼迎高居全球酒店行业排名的第二位，仅次于万豪——这家全球最大的酒店企业在2016年并购了喜达屋。[13]

原则4的实践方法

在新型工作环境中，灵敏、野心勃勃和大胆是共赢式共同创造不可或缺的要素。无论你的职位是什么，不管你的项目有多大，作为自驱型领导者，你的职责就是招募更多的人加入团队，协助产生更大的、更有影响力的创意，并设法更快地落实这些创意，这会从根本上改变你和你的团队成员在合作中的思考、组织和执行的方式。

再缔约：必不可少的第一步

我在全球各地指导过的高管团队数以百计。根据我的观察，如果不把所有的合作旧习摆在台面上，充分曝光它们的缺点，那就不可能发挥出共赢式共同创造的真正作用。无论是两个人的合作，还是跨职能团队的协作，这一点都一样重要。如果不能在第一次会议上做到，至少也要保证在最初的几次会议里盘点所有的旧有规程和工作文化规范，也就是过去妨害我们创造卓越业绩的那些阻碍。把它们打包扔掉——彻底扔掉。

这就是这项流程的第一步，我称为“再缔约”。

再缔约的目的是确保在迭代过程中不断吸取大胆的输入。人们聚在一起，取得共识，签订一种新型的、通过自身行为支持共赢的契约。再缔约是“彻底兼容”的坚强保证。真正的挑战是对流程和实践的坚守，这些流程和实践能保证我们充分获取团队的多样化意见和贡献。

再缔约帮助团队确立共赢的行动预期。它能保证每个人认知对齐。我们会自问，为了更好地实践，我们首先愿意共同做出怎样的承诺？在协作正式开始之前，如果每个人都能就新的协作行动准则取得一致意见，突破性解决方案就会变得简单很多。

再缔约对话是从讨论过往的合作经历开始的。这是整个团队开诚布公地探讨过去的不足与失望的一次良机，也是理解整个团队想在今后的工作中避免哪些行为和群体机制的一次良机。

开展这种对话的最佳方式是“协作解决问题”（CPS）小组流程。我会在下文更详细地阐释它的作用机制。但是，为了实现再缔约的目标，“协作解决问题”必须在一开始提出一个重要问题：“鉴于组织现有的文化和过往的经历，在最有可能阻碍我们合作的问题里，排在前十位的有哪些?”接下来，把团队分成多个三人小组，用30分钟讨论这个问题。每个小组把意见写在一张白纸上，然后回到集体讨论，每个小组派一个人做汇报。这样做是为了在现有组织文化中找出最常见的协作杀手。要特别重视排在前三名的问题。接下来，请团队中的每个人口头承诺：自己会规避与这些问题有关的行为。大家还要承诺，只要发现自己或其他团队成员出现这样的行为，就一定会带着理解和同理心指出来。关键在于，每个人必须事先明确同意：为了所有人的共赢关系，每个人都有权毫不犹豫地公开指出这些行为。

正式揭露不受欢迎的合作行为之后，团队接下来可以就一系列新的、集体同意的、合适的行为重新拟订契约。这些新的行为会因每个团队的不同情况而不同，因此，本章的剩余部分主要讨论几项基本原则，包括坦率直言、控制情绪在内的几种方法，还有一种是为了打破僵局而设的预先审核流程。

通过再缔约环节，每个人同意尽其所能停止原来的协作行为，采取新行为。还有一点需要事先达成一致：如果有人没有做到这一点，我们可以提醒他们。因为一定会出现做不到的情况。每个人都有搞砸的时候。每个人偶尔都会后退到旧的行为中去。因此，一定要在一开始设定合理的期待值，让人们合理看待不可避免的后退现象，这样才能帮助倒退的人转回头拥护进步。

在合作过程中，随着团队成员的加入和离开，再缔约可以每几个星期或几个月重复一次。每次锁定一个新问题，它可以是在合作过程中出现的新问题。尽管本章阐述的几乎全是团队流程，但是，值得注意的是，在所有一对一的共赢关系中，在设定两个人的预期行为标准时，这种再缔约对话同样具有极高的价值。

再缔约对话的价值在于，为了实现高业绩，我们提高了标准，与此同时，我们约定，在任何人没能满足标准时，其他人要接受他的失误。当我们提醒自己要对他人的旧习惯感同身受时，承诺相互支持形成新的习惯和行为就变得容易多了。

与糟糕的合作正面对决

说到过去合作的失败，也许有必要为团队大致勾勒出糟糕合作特有的三大问题：一个是所谓的共识，一个被称为“认同谎言”，还有一个被我称为“预先炮制”。

一谈到合作，那些两鬓斑白的商界老兵通常会说，最可怕的莫过于**共识**二字。很多合作与努力实际上是为了抚慰在场的每个人。一心做到八面玲珑，最后带来的只会是毫无用处的“和稀泥”。

真正的共赢有多种多样的表现，唯独不可能表现为共识。在再缔约阶段，团队必须一致同意，对真正带来革命性成果的高标准保持真诚，最终的答案应该符合团队想要达到的标准。想做出大胆的决策，无论是否取得了全体成员的同意，一支共赢的团队都必须为自己设立明确的边界。共赢式共同创造，其目的在于找到最有利的选择，而不是最容易的选择，更不是最受欢迎的选择。

认同谎言指经常出现的、毫无真诚可言的共赢邀约，目的是让团体对你已经做出的决策给予默许。这种做法很像你邀请每个人点菜，结果你点好的比萨已经在路上了。不坦率的认同不是共同创造，它是一种兜售——谁愿意被别人兜售呢?

每次听到认同谎言，我就像听到有人用指甲挠黑板一样难受。领导们早已采用了某项解决方案，却假意欢迎大家提出“宝贵意见”，这出戏的目的仅仅是让人们对他们决意去做的事表示赞同。我的经历告诉我，假意认同只会让人们感到郁闷，不可能鼓舞人们全身心投入这项计划的执行。当事情变得糟糕时，团队成员不大可能主动提出自己的反馈意见和解决办法，因为他们已经接收到这样一条信息：没有人真正在意他们的想法。

预先炮制说的是有这样一种人，他们总是先拜访他人、征求意见，但是，接下来，他们会拿出早已决定的解决方案，就像摩西带着《十诫》走下西奈山一样。这是公司总部贯彻咨询项目和培训项目时常见的做法。

每种方案在刚开始时都会有一部分是预先炮制的。我发现，在开始一段对话时，可以保守地估计已有解决方案的 30% 是事先准备好的，这样可以提高效率。我们之所以接受合作邀请，是为了做好接下来的 60%，然后不断迭代，继续邀请他人，直到最终达到预期的成果。

但是预先炮制的做法跳过了人们的相互影响，忽略了创造可行方案的美妙讨论。这样的做法速度快、效率高、易于控制，但它用毫无创见的方案束缚了团队，这些方案不可能和目标受众形成共鸣，更不可能带来转型的成果。在过去，这种做法也许对一部分企业有用，但它很难适应如今这个市场飞速变革与颠覆的时代。

下面是一则“预先炮制”的典型失败案例。

戴夫为一家总部位于美国中西部地区的大型保险公司工作，负责该公司在西南地区的运营。来自竞争对手的低价竞争，主要是线上竞争让戴夫的线下销售代表焦头烂额。总部的办法是，强制每位员工参加标准化的半天培训，促使代理们对客户的需求做出更积极的反应。总部的培训师花费数月开发了这一课程，尽管在此过程中他们咨询过公司的基层代理，但那只是在已经定型的方案正式发布之前毫无诚意地征求一下反馈意见。

不出所料，这项课程在戴夫的销售代表那里遭遇了彻底的失败。事实证明，总部这个用心良苦、“预先炮制”的方案完全是在浪费时间和资源。它和代表们在市场上遭遇的具体挑战毫不沾边，没有提出哪怕一条有用的解决方案。于是，戴夫决定推出自己的共创计划。他邀请几位顶尖的销售代表开了一下午的会，研究如何把成交率提高20%。这一小群人对客户的困惑和担忧有着更深刻、更直观的理解，他们用了一个下午时间（他们运用了“协作解决问题”的方法）想出了一系列新卖点。

在接下来的三个月里，戴夫的团队整合了一套定制化解决方案，这套方案满足了客户的需求，它让大而无当的线上竞争者望尘莫及。方案带来了多项突破性成果，其他销售区域的公司纷纷跟进，它们复制了戴夫团队的共创流程，推出了适合各自团队情况的方案。

让坦率成为必需品

在开始一个项目的合作之前，我们先要做到对自己毫无保留地坦率："我们彼此信任吗？公开分享最大胆、最关键的创意，我们会感到安全吗？想为尽可能多的团队成员服务，与他们分享信息，关心他们，让这种合作成为可能，我们有没有完成必需的、最重要的工作？"这些都是根本问题，如果想在前进中保持坦率，我们先要正视和解决这些问题。

在正式合作开始之前，我们先要和团队成员就"坦率"达成共识。当开始再缔约对话时，发挥引领作用的不一定是正式的团队领导者。只要是对团队成员和团队成果足够关心的人，只要是支持更坦率、更投入和更透明的合作的人，就可以引领这一对话。

在接下来的再缔约过程中，必须突出培养坦率直言的团队文化。这项工作的前提是，我们通过服务、分享和关心，首先取得人们的准许。这一工作关系重大，因为在一家公司里，没有什么比"规避冲突"的文化更能确定无疑地损害股东价值了。在我合作过的大多数公司里，冲突规避文化都是根深蒂固的，人们对此心知肚明，他们往往不敢也不愿意说出心里的想法。以共创为目的的再缔约是终结这种畏惧和回避态度的最好办法。

团队中的坦率文化会让每个人获得解放，保证每个人做出最大的贡献。这正是最成功的企业家会在组织内部倡导完全透明的文化的原因，瑞·达利欧就是其中的一位，他是对冲基金公司桥水的创始人。

达利欧在他的《原则》一书中指出:“我们成功的关键在于拥有一种真正的创意精英领导机制。想建立这样一套机制，有三项工作是必不可少的:（1）拿出你最诚实的想法，摆在台面上讨论;（2）不同意见的提出必须经过深思熟虑，这样人们才会心甘情愿地改变自己的看法，并从中学习;（3）确定一种大家都认同的方式，用来决定是否求同存异，这样既能继续前进，又可以不留怨恨。为了很好地做到这一点，我们必须完全实现真诚和透明。我的意思是，我们要允许别人看到和参与讨论几乎所有的事情。”[14]

我们需要与团队成员公开讨论是否建立一种基于坦率的文化。即使再缔约已经完成，我们对冲突的畏惧也会悄悄地回到合作对话中。为了在团队中保持坦率的做法，我们可以时不时尝试这样的做法：请每个人找出一张纸，私下写出对团队坦率度的看法，按照 1 到 5 分给出评价。找人收集这些纸条，统计结果。如果团队的平均坦率度小于等于 3，那就是一个很好的开始，可以由此展开讨论，请大家针对缺乏坦率的问题提出更坦率的意见！还有问题没有得到解决，它们是什么？为什么我们没做到有一说一？运用“协作解决问题”的方法，把这些问题摆在台面上，大家一起讨论。也可以让每个人私底下写出自己认为尚未解决的问题，然后找人把这些纸条上的内容朗读出来。是时候来一场讨论了，讨论真正的坦率是什么样的，为什么人们会回避这种坦率。

在大多数团队和公司文化里，坦率遇到的最大阻碍是缺乏心理安全感。只有在感到自己的饭碗安全无虞时，人们才会冒险，才会公开说出或者分享自己的想法和意见。艾米·埃德蒙森是哈佛商学院的教授，也是这一研究领域的领军人物。她说过，感觉到心理安全的人往往更具创新性，他们能从自身的错误中学习到更多，也更有动力改善所在团队和企业。[15]他们更有可能提出想法，承认错误，寻求帮助，提出反馈意见。[16]

谷歌公司关于团队合作的研究表明，拥有心理安全感是该公司所有高业绩团队的共同特征之一。[17]谷歌的研究者发现，团队成员越是对彼此有安全感，就越有可能结成伙伴关系、承担新的角色。拥有更高心理安全感的团队成员还“不太可能离开谷歌，他们更有可能驾驭来自团队成员多样化的创意带来的力量，他们会创造更多的价值。经过评定，他们的工作效率通常比管理者要求的水平高出一倍”。[18]

顺便提一句，事实证明，达利欧的公司是这一规则的例外。桥水是一家规模相对较小的企业，它堪称极致的企业文化吸引了众多价值观一致的求职者——所以，桥水可以非常奢侈地根据申请者的心理结构完成遴选。那些缺少心理韧性的求职者不太可能获得聘用。桥水公司彻底透明的企业文化形成了一种强硬的工作氛围。桥水之所以具有这样的企业文化，是因为它只招聘那些足够强硬、骨子里带着坦率基因的人，那些不怕被挑战也不害怕挑战别人的人。

绝大多数组织不具备这种现成的坦率文化，因此，在每次协作的开始，就“坦率”达成一致是非常重要的工作。但是，我们还需要为团队设定好集体预期，帮助他们通过加深关系来提高心理安全感，发挥服务、分享和关心的作用。在这一基础上，我们应该让坦率的对话一直开展下去。

检查你的情绪状态

一旦所有人就意见和反馈的坦率性达成一致，就可以启动对话了。有些想法和建议也许会触及某些人敏感的神经。在合作过程中，工作的热情是可以被人理解，甚至是被鼓励的。但是，更聪明的做法是让团队提前商量好，如果在意见交换中出现了火力过猛的情况，应当通过什么方式解决。

研究“情绪感染”的专家记录了人们是如何通过周围人的面部表情、声音、姿势、动作以及行为线索自动完成情绪同步的。[19] 陡然提高的声调自然是容易辨认的信号，但很多人的情绪表达更隐晦——比如交叉双臂、皱起眉头、嘴角下倾，或者转过身去，不直接面对团队伙伴。这样的做法可能在他人身上引发同样的情绪，造成整个团队工作搁浅。牵一发而动全身。

在开始完成再缔约工作时，团队可以让每位成员把守护办公室情绪变成自己的责任，达到培育创新、创造力和独创性的目的。还有一种办法：经过所有人一致同意，每个人都可以打断其他同事的情绪化交流。这时，当事人需要后退一步，反思自己的行为。

这些技巧是我用了几年时间才学会的。部分原因与我父亲有关，虽然他有很多优点，但他的脾气太火爆了。这让我习惯了提高声调，和他对着大吵。如今，每当发现自己的火气变大时，我就会立刻停下来，绕着小区走几圈。我甚至不惜为此调整日程，不出席计划好的会议。我会尽可能让自己的情绪可控。这样就不会妨碍团队的正常工作了。

培养高绩效团队是所有创新和变革工作的核心。培育信任、赋权和建设性反馈的环境，激励每个人向着共同目标奋发努力，这已经成了团队领导者的新责任。共赢的艺术在于对整个过程的指引。领导者必须懂得在什么时候灵活、在什么时候坚决果断。优先级的设定不再是自上而下的工作。相反，整个团队需要共同负担工作责任和敏捷原则，适应在较短的周期里工作，共同决定前进的方向和方式。

罗埃尔·洛沃夫 | **荷兰国际集团（ING）首席运营官**

快速、频繁地沟通

共赢式共同创造离不开对关键成员近况的不断摸底，它需要积极主动地寻求更多的想法和看法。要吸引更大胆、更频繁的输入，方法之一是养成习惯，多发送短邮件，谦逊地寻求他人的反馈意见。我一直在自己的团队里使用这种方法。电子邮件让团队成员有时间深思熟虑，在时间方便时做出回复。仅凭这样的提问，我常常收到非常优秀的建议和突破性的反馈意见。

如果在合作中具体负责某一部分的工作，例如，你是一位数据专家，或者是来自市场营销部门的代表，你就可以主动联系同事，请他们提出反馈意见，这样可以为团队其他成员树立一个绝佳的坦率和勇敢的榜样。试着主动接近其他人，关于如何提高自己对团队的贡献，请他们提出宝贵的意见吧。

下面是我邀请别人提建议的常用模板，它帮我取得了很多最坦白直率的想法和意见。你可以稍加改动，让它更符合你的风格和调性。

哈莉：

你好！

我想通过这封邮件确认一下，我们有没有遗漏什么，关于（此处插入项目或使命），我们正在取得最优秀、最激动人心的成就。那么，如何才能更进一步呢？我希望听到你坦诚的意见，万分感谢。如果你是我，你会做出何种选择？你认为我们哪里做得还不够？我是认真的，你千万不要有什么顾虑。恳请你知无不言，言无不尽。如果我们不能直截了当地展开讨论，最后的结果只能是大家一起成为输家。请相信我，我们一定能权衡利弊，选出一条最大胆的出路。所以，向我开炮吧！我真的非常珍视你的洞察力和看待问题的角度。请不要让我错过你的宝贵意见。如果你更愿意电话沟通，我也可以打给你。

非常感谢！

基思

如果没有立即得到回复，我通常会等上几天。如果还收不到回复，可以跟进一封邮件，委婉地提醒对方：“让暴风雨来得更猛烈些吧！提前向你的金玉良言表示感谢。”

作为领导者，我们要永远保持积极的态度，把对话聚焦在提升工作的想法和流程上。要避免陷入辩论，也不要给人留下充满戒备的坏印象。我们期待新意见源源不断地输入，而消极反应可能会关闭意见流入的阀门。

如果反馈意见不够清楚，一定要避免盲目的自我防卫式的反应，一定要请对方做出解释和澄清，同时保持谦逊。可以使用类似“我不太确定自己是不是搞懂了”这样的措辞。注意避免激起意见提出者的警觉意识。要不断地表达感激之情，即使觉得没有必要，你也要感谢人们的意见、建议，感谢人们的正能量。要为那些与我们一起挑战极限、承担风险的人鼓掌喝彩。如果收到了精彩、大胆、超乎想象的好建议，一定要把它分享给每个团队成员。为提出意见的人喝彩，公开称赞和感谢他们。

培养好奇心

在与团队成员再缔约时，记得用古希腊哲学家芝诺说过的那句话提醒大家：“人有两只耳朵、一张嘴，这说明我们应该说一句、听两句。”侧耳倾听，对别人要说的话表现出真诚的好奇心，这是一项重要的合作技能。如果只顾着在自己的泳道里游泳，两只耳朵戴着耳塞，你就可能错过来自他人的重要看法。而事实会告诉你，这些看法是不可或缺的。

为了实现真正的变革，我们需要的是能不断扩大我们优势的合作，因此，我们需要保持警觉，鼓励更多的意见输入。要在会议上做到这一点，有一种很有用的工具可供参考。我称它为“5×5×5”流程。具体来说，一名团队成员拿出5分钟的时间，解释清楚一个我们需要为之征求意见的问题，或者一件事情，例如“我一直努力争取找某位同事介入这部分工作”，或者“我在考虑，是否进行一项价值高昂的投资，以此作为解决方案的一部分”。提出的问题应该包括一定程度的疑虑，提出问题的人要对同伴的不同意见抱有真正的好奇心。

在接下来的5分钟里，其他成员要提出问题——而不是解决方案，以便更深入地理解这个问题。然后，在最后的5分钟里，每个人轮流提出最直接、最坦率的反馈意见。收到这些意见的人要对每个人表示感谢，感谢他们的看法和坦率的态度，就像收到了最好的礼物那样表示感谢。就像对待所有的礼物一样，如何处置和利用这些意见，全凭接收者。

这种方法适用于所有团队，它是一种快捷的、令人耳目一新的协作实践。它的作用就像恢复精力的小睡。你可以让它变得更短、更有效，也可以让它变得长一些，这取决于你有多少时间和提出什么样的问题。

这种做法是有魔力的。它会带来群体的凝聚力，因为它能让每个人看到，我们是对新的可能性保持开放的。研究表明，好的问题会带来更具创造力的解决方案和更有效的决策。哈佛商学院教授弗朗西斯卡·吉诺指出，提出好问题可以“帮助领导者获得下属更多的尊重，激励员工产生更多的信任，与同事培养出更具协作性的关系”。[20]

要么做大，要么回家

如今，所有企业都面临这样一个挑战：真正的变革并不是通过持续改进产生的。它来自人们通常所说的“十倍速思维”。如果你所在企业的常规目标是把新产品开发的周期提高10%，那么，问问你自己，如何达到这个目标的十倍？十倍速思维的魔力在于，它会强迫我们通过全新的方式完成思考，即便最后得到的结果只是两倍或三倍，也远远高于渐进方式所能达到的结果。

共赢是一种堪称完美的工具，它帮助我们走近梦想，让团队成员更容易接受梦想并为之付出努力。它会让我们获益良多。也许，只是也许，在整个行业的颠覆威胁到每个人的工作之前，你已经帮助公司成长壮大起来了。

我曾和一些全球最受尊重的企业有过合作，这些企业很少使用十倍速思维。它们日常工作的重点是一倍速思维，其中的原因不难理解。

以达美航空公司为例，这家公司的高管团队在运营方面做到了卓越。他们能持续不断地降低成本，提高乘客的体验得分——它的预期增量可以精确到0.5个百分点。在这个年销售收入高达8 000亿美元的产业里，把这些微小的百分数加在一起，就是一个巨大的数字。

作为达美航空的首席运营官，吉尔·韦斯特曾在公司的一次高管晚餐上用这种方法挑战自己和团队。他们用十倍速思维快速地思考——那是我在咨询中教会他们的。吉尔请每个人暂时放下 0.5 个百分点的提升思路，想象一下，如果他们的目标是为乘客、员工和股东创造指数级的提升，他们应当把注意力集中在哪里？

在第一轮讨论中，高管们两人一组，用 10 分钟讨论这个问题。讨论结束后，所有人返回大组，分享各自的想法。这些想法都是他们从未有过的。

这些想法涉及范围之广，令人惊叹。（虽然我无法在这里透露这些想法，但是，作为一名达美航空的常客，我发现其中有一个足以改变行业游戏规则的想法。）这些想法涉及的领域从开发新的商业模式到对传统航站楼设计的再思考，不一而足。其中，一个主题被反复提及：重塑员工体验。每一位高管都知道，如果想让达美航空的乘客体验上一个台阶，他们就必须用十倍速思维思考自己的几千名员工。

我喜欢这个故事的原因是，这是全球最受尊敬的高管团队之一。（是吉尔和他的同事一起挽救了濒临破产的达美航空，并把它建设成 2019 年全美最顶尖的航空公司 [21] 和全球最受尊重的航空公司之一。）这些高管的经验如此丰富、才华如此卓越，他们的想法中完全有可能藏着价值数十亿美元、十倍速的伟大创意。不过，这是他们第一次通过这样的方法挖掘这些可能性，第一次有机会发挥十倍速的想象力。

协作解决问题（CPS）：通过小组解决问题

无论是哪个团体，集体智慧的启发都离不开有效合作。这就需要集思广益，从每个人身上吸收坦率而大胆的想法。对大型团体来说，这可能是个不小的挑战，因为在涉及具体问题时，往往只有少数几个人的声音，其他人的声音没人听得到。

上文提到，协作解决问题是一种有效的工具。它的运用应该贯穿合作的全过程。下面是 CPS 发挥作用的详细阐释。

首先，把一个问题摆上台面。这个问题可以由一位在具体工作中需要建议的团队成员提出，也可以是一个比较宽泛的问题，用来引发更多的思考，甚至也许是某种具有逆向思维的观点。

我眼中的好问题大概是这样的：

- 我们过去扼杀过哪些好创意？哪些好点子是我们本来不该丢弃的？
- 什么能帮助我们真正转变服务客户的方式？
- 我们在生活中喜欢使用的应用也好，其他技术也好，如果公司采用其中的某些要素，能给我们的客户体验带来怎样的转变？

在给定的时间内，通常是 30 分钟到 1 小时，人们需要相当高的专注度才能回答好这些问题。在酝酿这类问题时，务必做到简单直接。同时具备多种要素的问题在这里并不适用，因为人们不可能在相对较短的时间里同时兼顾太多的因素。

针对给定的问题，把人们分成两到三人的小组，真正做到紧扣主题，根据问题的复杂程度，分配合适的时间。

三人小组的心理安全感水平最高。每位成员可以既紧张又充满创造性地工作，他们的勇气、冒险精神和坦率性可以发挥到最大。三人小组的成员不大可能欲说还休，同时，三个人可以保证观点的多样性。在三人小组里，每个人的意见都能被充分倾听，三人小组还利于分析和综合每个人的思考，把思考变成连贯一致的想法。CPS 的设计能帮助包容性较强的大型团体实现收益的最大化，与此同时，还能保证小型团队的心理安全感和社会赞许等。这是我们在绿讯创造的又一项顺应基本人性的解决方案，我们称为“利用地心引力”。

小组会议发挥的是可贵的分析作用。它带来的结果是，只把小组讨论中产生的最有吸引力、最有用的成果呈现在集体讨论中。到那时，另一种极富价值的心理动力开始发挥作用：每个小组呈现给集体的报告更有可能带着更高的坦率度和勇气，它会远远好于一个人在大会上对着一屋子人演讲。为什么？因为每个小组派出的汇报人都希望获得另外两位队友的赞许。这位发言人不希望因没能把讨论获得的观点的丰富性和坦率性表达出来而让自己看上去怯懦无能。他不想让两位队友失望。

我见证过 CPS 为很多合作会议带来最激动人心的时刻。当有心理安全感的小组从新的视角审视问题时，睿智、跳出框架的解决方案就产生了。原本内向的团队成员，如今站到台前，在小组队友的支持下，完成了自信大胆的汇报。总之，这种形式避免了大组讨论的弊病，在大组讨论中，往往是所有人都在听少数几位经验最丰富的人——或者最自我的人——喋喋不休。CPS 能稳定可靠地产生新想法，这些想法是在集体讨论中不可能被提出，也不可能获得关注的。

庆祝你的观念转变

再缔约的一个重要主题是，面对观念转变时普遍存在的人类脆弱性。我们会抵制转变——正是出于这个原因，我们会提前要求团队成员务必在合作的整个过程中对这种可能性保持开放态度。

我最喜欢爱默生的一句话："无智的小妖们总是长着整齐划一的蠢脸。"在合作环境里，尽可能想到并接受自己可能是错的。如果结果证明你确实错了，你就能从中受益。这是一件值得庆祝的事。

听到一种不喜欢的想法时，要尽可能从提出者的角度看待它。要意识到，只有接受来自他人的、活力十足的意见的挑战，你才能确信自己是对的。我希望每个人都能完成再缔约过程，我相信，即使是最了不起的创意，也存在接受他人建议、进一步提升和完善的空间。这时，保持开放的心态就容易多了。

对每个肯改变自身想法，或者为了更高的使命放弃狭隘性的人来说，再缔约对话是一段愉快的时光。它永远是一件值得庆祝的事，贯穿了合作的全过程。无论何时，只要有人为了保证整体进度放弃原有的立场，或者让出自己的一部分利益，整个团队就应该鼓掌庆祝。如果发现自己的立场有所转变，发现自己想的是"让他三尺又何妨"，你一定要公开告知自己的团队成员，是他们帮助你有了这一领悟。

相反，如果总是自以为知道问题的答案，你就不可能取得十倍速的成果——尤其是当你从一开始就觉得自己无所不知的时候。这也是我提出下面这个建议的另一个原因——在开启任何一项新合作时，一定要假定，即使事前思考充分，我们最多也只能得到最终答案的30%，其余部分依然有赖于团队成员的共同创造。再次强调，你希望团队能够帮助解决60%的问题，然后在此基础上继续努力。你完全明白，在这个飞速变化的世界里，根本不存在百分之百完美的解决方案。这和寻求“认同谎言”或“预先炮制”的做法恰好相反。

我曾经为自己创办的一家数字初创企业聘请了一位年轻的产品经理。虽然他在面试时为线上应用的提升给出的对策完全不对路，但是我依然雇用了他。我清楚，他对我们的客户和产品策略一无所知。但是，这些对我根本不重要。重要的是，他能启发我思考。

他对我们的工作方式发起的挑战完全搞错了方向，但是，这些挑战极其大胆，让我对公司的许多基本假定产生了疑问。而且，他是对的。我们确实忽略了客户体验中极为关键的一项因素。我沿着他提出的建议背后的逻辑不断地提问，我开始想象，我们共同开发的应用有哪些新的可能性。很快，我们就兴致勃勃地聊开了。

这就是为什么我总是对最广泛、最大胆的意见输入保持开放态度，无论一开始我多么不认同对方的说法。如果要打发一名年轻的产品经理，我说他不过是个骄傲自大、连基本情况都没搞清楚就来面试的码农是再容易不过的了。但是恰恰相反，我聘用了他，他帮助我们实现了新公司的发展壮大，最终带来了销售收入。

在颠覆性变革的时代里，这种大胆而灵活的思维是在团队乃至整个组织中区分赢家和输家的关键。根据 Dropbox 公司首席执行官德鲁·休斯顿的回忆，多年前，有一家公司突然发布了一款免费产品，它与 Dropbox 公司的订阅产品形成了直接竞争，而后者正是 Dropbox 公司产品上市策略的核心所在。Dropbox 公司急需一项新的策略。德鲁告诉我："如果死板地坚持自己必须是正确的，或者冒进地推动原来的方案，我们可能早就完了。"

不能完！

约定打破僵局的方式

有一点足以决定再缔约的成败：必须事先讨论清楚，在出现僵局时，如何打破僵局，解开死结。

凡是合作，总是免不了进入这样那样的死胡同。不过，这些都是暂时的。只要针对眼前的挑战或问题召开一次 CPS 会议，大部分问题就会迎刃而解。切记一点，当僵局出现时，每个人都要把自己的视角调整到实现共同使命上来，更多地从对方的角度看待问题。

根据我的经验，绝大多数的僵局是可以通过集体讨论解决的。每个人都要清楚地知道，什么对达成使命最有利。那些没能成为辩论"赢家"的人必须放下一切怨恨，不要纠结于自己是对还是错，要全心全意回到共同的事业中去。

当团队在某个复杂项目中陷入僵局，没人拥有足够的权威做出最终的决定时，合作可能会陷入停顿。这种僵局未尝不是一件好事。当团队成员提出的解决方案彼此对立时，这常常是一种积极健康的信号，说明每个人都在从大处着眼、志存高远，他们不愿意为了所谓的共识而做出丝毫的退让。

打破僵局的完美方法是团队共同努力，坚定地找到更富突破性的解决之道。可以把所有分歧的要点罗列出来，让每个人清晰地认识它们，坦率地讨论它们。这里的“每个人”意味着不落下任何一个人。

这才是真正的共同创造。它有时需要我们对彼此的观点做出让步，前提是，这样做可以让共同使命走得更远。放弃自己的既有立场和取得争论的胜利同样值得庆祝——甚至更值得称颂。这种情况离不开事先的讨论——为了让项目或使命取得真正的突破，有人可能必须放弃自己的既得利益。我们需要领导者真正认识到这一默认原则的重要意义。领导者要给予那些把使命放在第一位的人最高的赞誉。这是每位领导者的关键职责之一。

在做出高风险决策时，要做到这一点是非常难的。有的时候，合作会因为出现巨大的风险而陷入停顿。这些风险足以让合作以最糟糕的方式收场：面对环境带来的极端压力，每个人都陷入地盘争夺战。在资源有限、权力不确定的情况下，人类固有的倾向性会让我们变得偏狭——拼命保护自己的利益，想用双手攫取更多利益。

重申一下，要想从一开始就避免这样的风险，最好的方法就是再缔约。我把这种再缔约的目标称为“认知对齐”。每个人事先认同：合作过程中可能会出现僵局，我们需要提前就出现僵局时由谁裁决达成一致。强制性裁决是专业合同中的常见条款，它同样属于每种协同合作的范畴。即使是只有两三个人的小规模合作也不例外。

为了完成最终的裁决，双方要各抒己见，为自己辩论，通过公开的会议，在事先约定的权威人士或决策团体的面前，有理有据、坦率直白地论证己方的观点，驳斥对方的观点。在此之前，每个人都要同意，不可以在裁决之前走后门游说裁决者。所有的事必须摆在明面上。还要提前约定，每个人都要服从最终讨论达成的一致意见。

在理想的情况下，裁决的权威人士应该由周围职位最低的人担任，他拥有真正的决定权和公认的客观立场。但是，在很多情况下，重大的、跨部门的争议最终需要首席执行官来裁决。为了让变革性合作的文化落地生根、茁壮成长，组织的最高领导者必须传递这样的信息：寻求新颖的解决方案，放弃地盘之争，实施新的职场原则，这些才是组织最应该推崇和鼓励的做法。

以结果为导向

再缔约流程的最后一点，是确保每次会议都能取得可衡量的进步。在指导团队的过程中，我把它称为“让子弹先别飞了”。只有这样，在会议结束时，每位成员才能在离开会议室时清楚地知道，在通向最终成果的每一个步骤里，谁负责哪一部分具体工作的指挥和落实。成功和进步的速度也是再缔约内容的一部分，它们必须处于持续不断的密切监控之下。这样一来，即使是最没有耐心的团队成员，也会从一开始就获得踏实的感觉。人们会感觉到，这一合作追求的是真正的结果，不会浪费任何人一丁点儿的时间和精力。

下面是会议中常用的几种最佳做法。协调人（假定是你）可以从一开始就引导大家就这些做法取得一致意见。

在启动会议上设定期望值。如果做出决定的时机还不够成熟，或者你才加入，刚开始了解情况，那么你务必在会议的一开始让所有人知道这一点。否则，有的团队成员会在会议结束时感觉你缺乏决断，这意味着浪费时间。每次会议结束时，我都会站起来感谢每个人的意见，并保证将告知所有人后续的进展。

在会议结束前过一遍"是、不是、也许"。在散会之前，要让每个人了解我们进行到了哪一步。在会议结束前，用 5 分钟把会上讨论的所有关键点过一遍，用"是、不是、也许"表明你的看法。例如：

> 是的，我们会这样做。
>
> 不，现在时机还不成熟。
>
> 也许我们应该为此进行更深入的研究。

如果是团队的决策者，那么你有责任让每个人清楚地了解团队决策的方向。如果不是领导者或决策制定者，那么在会议散场之前，你有责任代表团队（本着强制性坦率的精神）要求领导者对会议的要点进行一遍"是、不是、也许"的表态。这样一来，每个人在离开会场时都很清楚决策内容和每项要点的下一步工作安排。我常常在会议过程中列一张要点清单，这样可以在散会之前，在进行"是、不是、也许"的评价总结时，确保每个人对后续工作有一个清晰的认识。这种透明度本身就是坦率的表现。

这些措施能帮助团队保持对共同使命的聚焦，保持前进的动能，让行动方案清晰可见。当然，风险永远存在，有人可能感觉这一合作不值得投入时间。如果感觉团队成员有些掉队，可以提醒他们，你非常重视他们的贡献，向他们寻求帮助和建议，把他们拉回到原来的轨道。你可以说："约翰，帮我想想，接下来我们应该在销售激励问题上做些什么？你觉得是不是单独讨论更好一些？"

共赢的妙处在于，它能把我一直依赖的两个概念融为一体，即"思维的多样性是才华的催化剂"和"人们一定会支持自己参与创造的事物"。共赢解放了高绩效团队协作和共同创造的全部力量。与过去困在自上而下的牢笼中相比，共赢赋予团队更高的敏捷性和更强的创造力。对共赢原则的真正投入会带来一种开放、安全的环境，它能带给人们力量，帮助人们迎接更大的挑战，发挥出全部实力。

基思·克拉奇

DocuSign 公司
前董事长兼首席执行官

跃升取决于每一个人的选择

2019 年春天，在塔吉特公司年度高管大会上，史蒂芬·李和戴维·哈特曼受邀登台演讲。出席会议的还有几百位塔吉特公司的高管。

哈特曼对听众说："你们可能想不到我们会一同登台——创意人

员和法务人员。其实，李和我经常定期合作，这也反映了我们的业务正在高速发展。”哈特曼和李一起向塔吉特公司的高管层推介了大胆吸收、彻底兼容和敏捷性，因为组织协作的方式始终是每个人的选择。如何开展共赢和共同创造，同样取决于个人。他们认为，这是无法通过自上而下的指令统一实施的，我非常认同这种看法。所以，请哈特曼和李登台介绍个人经验，这样做太重要了。

李把自己在品牌建设工作中获得的经验带给了法务团队的同事，要求他们想方设法把工作流程变得更顺畅，把那些与法务部门关系密切的部门的需求同自己的工作更紧密地结合起来。

李说:“我们告诉自己的同事，如果我们和其他部门的联系变得更紧密，我们的工作就能变得更高效。只要适应了这种协作流程，我们就能降低对其他部门同事的破坏性。因为我们不会在项目临近结束的时候横生枝节，让原本进展顺利的工作突然陷入停顿。我们必须确保各项工作都是安全的，但‘我们不会从天而降，终止同事的创意’。”

共赢式共创技能是全新的、重要的员工能力。在新的工作环境中，如果不能在这种快速的工作节奏中利用我们掌握的专业知识进行合作，掌握这些知识的能力的价值就会大打折扣。我在塔吉特的年度管理者大会上遇见了布莱恩·康奈尔，他告诉我:“持续一致的协同合作已经成了人们关注的新焦点。最重要的不再是雇用能力超群的人才，而是聘请有能力成就非凡团队的新型人才。”

职场旧原则：合作仅仅是一条退路。只有在无法独立完成工作、需要他人协同或者需要更多的资源时，我们才会合作。

职场新原则：与团队成员的合作关系和伙伴关系已经成为新标准。要想共同创造颠覆性的创意和解决方案，实现更多可期待、持续不断的突破和成就，就必须合作。

原则 5

在竞争中共赢

在美林银行工作初期，我就认识到，这里的 1.5 万名财务顾问能够成为真正的变革催化剂。深刻而系统的、对等的指导能释放出令人惊叹的发展的力量。

安迪·西格

美林银行财富管理公司
总裁

有一次，我和吉姆·柯林斯交谈，他是《基业长青》和《从优秀到卓越》的作者。当时，他关于西点军校文化的研究刚刚完成。他回忆起观摩西点军校军官学员室内障碍课程的经历。在这项被评为全球军校强度最高的体能挑战中，学员们争先恐后地为队友加油鼓劲儿，相互帮助和指导完成训练，这给他留下了极深的印象。即使学员之间是竞争关系，他们也会积极地相互帮助，协助队友取得成功。

吉姆发现，这是西点军校领导力培养的一个重要方面。学员彼此支持和鼓励，因为他们希望每个人都能变得更强。他还在西点学员身上发现：他们看上去比普通高校的学生要开心得多，包括吉姆执教 7 年的斯坦福大学。西点军校的目标是让学员做好准备成为领导者，每个学员都要帮助其他学员成长、提高各项技能。这正是组织中的每个人取得革命性业绩的秘诀，是对共同使命的奉献和彼此的承诺——成人之美、彼此支持、相互指导、帮助对方成长和发展。这是前进的方向。

在西点军校调研期间，吉姆发现，学员们和他打交道的方式也和普通高校学生大不一样。他们看上去出奇地直接，充满了好奇心。他们会提出很多问题，在意见不一致时，他们会直接告诉吉姆。在我看来，这是西点军校共赢式环境引导下的最自然的结果。无论身在何处，我们都能看到，高绩效团队的成员始终是坦诚相待、知无不言的。这是极富支持性的互助文化最确信无疑的标志。

工作中的互助和指导比以往任何时候都更重要，因为飞速变化的市场环境需要个人和组织不断地自我重塑。但是，越来越紧张的预算、越来越扁平化的组织、越来越繁重的工作和越来越多的下属让管理者无暇集中精力，不堪重负。他们中的大多数人没有多余的精力承担起重要的指导和带教新人的责任，虽然他们也曾是指导和带教的受益者。

让情况变得愈加复杂的是，你的上司也许只是你偶尔一见的一张脸，你甚至只在视频里见过他。你们根本不在一栋楼里办公，甚至不在同一座城市。（2014 年，绿讯的研究中心调查过 1 700 名知识工作者。结果发现，79% 的人经常或者一直在分散的团队中工作。）综合以上原因，可以说，绝大多数工作场所都急需指导者的支持。

日益增长的需求，加上指导者的缺失，这使得人们只能依靠自己来成长。在新工作原则的指导下，我们可以与工作伙伴形成一种新契约：我们向同事提供坦率的反馈意见，同时取得对方的反馈意见。这样一来，指导团队成员、帮助他们不断成长就成了每个人的责任，我们都需要寻求他人的指导。这种同辈间的共同发展关系是自驱型领导力的核心，也是共赢的必然成果。在如今的世界里，如果我们看见队友落在后面，却没有为他提出恰当的意见和建议，那就无异于蓄意破坏。

“反馈”这个词说起来简单，实际上有三种截然不同的类型。有些形式的意见提起来比其他形式要容易得多。最容易的是看法的反馈——关于如何把某事做得更好的、有效的、共同创造的反馈意见（“嗨，乔，为什么不试试这种方法”）。稍有些难度的是关于工作业绩的意见，因为它与具体责任直接相关（“嗨，乔，我认为你的团队可以比上个月干得更好”）。最后一种是关于个人能力的反馈，它是根据特定团队成员的能力给出的、量身打造的反馈意见。它无法轻松地抛出，不属于可以随意说出来的那一类型。

真正具有影响力的反馈是第三种，也就是关于个人能力的反馈意见。无论是硬技能的具体提升，还是软技能的现行指导，都离不开人们的提醒：我们的哪些能力需要提高和发展？

不做职场老好人

本书的基本观点需要一个简单的前提：每种关系都存在互帮互助

的因素，如果能有目的地激活这一因素，就能激发出双方的最高潜能。然而，在本书涵盖的所有观点中，同辈间相互帮助和共同发展的概念招致了最多的怀疑和反对。

我听到的最普遍的反对意见是："这根本不是我的职责，它不是我的工作。"在传统工作原则下，这样想无可厚非。因为传统工作原则下的指导是上司给予下属的，是需要下属遵照执行的。

另一种反对意见甚至来自同辈共同发展的支持者：有人担心意见过多、过激，可能会伤害朝夕相处的同事的感情，可能会造成关系紧张。很多人甚至不好意思提醒同事的牙缝里有韭菜叶子，更别提在倾听、沟通、确定工作优先级，或者时间管理等方面给出建议了。我们都不觉得自己得到了对方的准许，可以提出如此私密的意见。我们更有可能明哲保身，不去冒那个风险。相较于帮助同事、支持团队实现目标，或者帮助公司完成使命，我们更看重别人是否喜欢自己。我们想做个老好人。

我的朋友金·斯科特在她极具开创性的畅销书《绝对坦率》中为这种"好"想出了一种比较直白的叫法。她称其为"操纵式伪善"——如果你没有选择挑战自己的同事，说到底，那是因为你不关心他，没有把你们的共同使命放在心上。这与绝对坦率是完全对立的，绝对坦率的要义是：因为在乎，所以挑战。[1]

不得不承认，逃避艰难的对话、躲进"操纵式伪善"中确实容易得多。但我随即想起了吉姆·柯林斯在西点军校的经历。如果一个人连反馈意见和指导他人都不肯做，那又如何让人相信他会关心自己的使命、关心团队的伙伴呢？团队伙伴被难题困住、苦苦挣扎，你却拒绝伸出援手，那么，你的真诚在哪里？这样的做法毫无真诚可言。新的职场原则要求我们必须融入团队，必须为团队伙伴服务。用金·斯科特的话来说，因为在乎，所以我们会挑战他们，会把毫无保留的赤诚当作礼物送给他们。无论是自驱型领导者，还是其他类型的领导者，都要视其为最基本的责任。

如果这些想法让你变得紧张，请这样想一想：实际上，你早已和最亲密的人建立过共赢关系，比如和配偶或恋人，比如和朋友、兄弟姐妹、父母、子女之间的关系。或多或少，我们总是试图向最亲近的人提出建议，提供帮助，期望他们更好地成长、更好地发展。为什么？因为我们在乎他们，他们同样在乎我们。

本着慷慨和友善给出坦率的反馈意见，每个人都有这样的经历。你也许只是没有在工作中这样做罢了。你感受到什么样的抵触情绪？你为什么害怕？一定要坦率诚实地回答。

对你来说，所谓畏惧冲突或者害怕伤害某人的感情，不过是“操纵式伪善”罢了，不是吗？如果真的在乎自己的同事和团队，关心组织的使命目标，难道你没有责任大声说出来吗？这难道不是真正的领导者应该做的吗？也许，关于如何在新的工作环境中应对挑战，你还存在一定的盲区，还需要有人提醒。

你在读手上的这本书，所以，我认为你并不是有意成为“操纵式伪善”的人。也许，你无意间做出过“操纵式伪善”的事，只是没有完全意识到。如果是这样，能够觉察自己在这样做，这本身就是一种巨大的突破。这是你主动要求建立伙伴关系的第一步。

我们在亚马逊的领导原则中加入了“学习、好奇”，这是为了强调领导者需要不断学习、寻求自我提升。飞速变革的时代容不得领导者骄傲自满，它要求领导者不断聚焦于提升可行的方式，改善行不通的方法。在日益互联互通的工作环境中，建立协作关系有利于激发我们的好奇心，鼓励我们向更多样化的同事群体学习。

杰夫·威尔克

亚马逊全球消费者部门
首席执行官

社交商，关键看你如何说

几年前，有一家广受尊重的大型科技媒体集团委托我指导它的一家子公司的领导团队。当时这家子公司处于水深火热之中。合作期间，首席运营官达芙妮正在协助领导这家子公司完成业务重整。她与首席财务官卡特形成了紧密的共赢关系，这为达芙妮的工作带来了巨大的帮助。

卡特和达芙妮在工作中互相支持。达芙妮会定期指导卡特，包括他在团队会议上的措辞，甚至是他的肢体语言。他们一起讨论卡特的急脾气，还有他动不动就流露出的满不在乎的态度。卡特非常感激达芙妮，他反过来指导达芙妮的领导和沟通风格，还有她在员工会议上的仪态。他会和达芙妮分享技巧，教她如何在论述自身观点时表达得更清晰、更婉转，如何保持日程安排井然有序，如何确保每个人对后续工作做到切实负责。

尽管这一年充满了困难和挑战，达芙妮和卡特始终保持统一战线，并肩前进。他们因此成功扭转了企业的销售业绩和市场营销业绩，帮助公司扭转了长达一年的业绩下滑局面，实现了盈利。

达芙妮和卡特的关系能发展到这个程度，着实令人惊讶。他们最初远不是这样的关系。即使往好了说，最初他们也只能算共存关系——彼此忍让，但绝少相互支持。达芙妮是首席执行官直接聘用的，她的职责是为这家分公司带来管理层想要的业绩。当时，这家分公司是整个集团中业绩最差的一家，每年的业绩与业务指标的差距高达 30%。

卡特给达芙妮的第一印象是，一个很难对付的管理者。他看上去更愿意循规蹈矩地遵守总公司的路线，而不是真心实意地提高业绩。在达芙妮看来，卡特经常提出全面削减预算的建议，他既没有对细节的洞察力，又缺少热切的好奇心，而这两点对业务周转至关重要。

达芙妮发现，尽管卡特完全不像个合适的共赢伙伴，但是如果没有卡特，她的工作就不可能取得成功。无论她喜不喜欢卡特，卡特都是她的团队的一员。尽管卡特在很多方面表现得对共赢关系缺乏兴趣，但是达芙妮依然尽力在工作和个人方面更好地认识和理解他，尽力和卡特建立伙伴关系。这让达芙妮对卡特作为子公司首席财务官的难处有了越来越多的同理心。慢慢地，他们开始越来越紧密地共事，共同推进业务重整，逐渐培养出了相互尊重、相互支持的共赢关系。

这时，问题出现了：高管团队中没有人喜欢和信任卡特。很多时候，卡特在和同事打交道时表现得像个外部顾问，好像他是总公司派来监督钱财的钦差大臣。他对所在行业的某些市场现实不屑一顾，比如团队每天面临的、来自竞争对手的价格压力。他喜欢对其他高管说教，动不动就给人家上一课，主要是讨论未能实现的收入指标，或者在预算超支时大讲受托人的责任问题。卡特有时会对一些本来可以加快扭转局面的战略投资建议提出彻底的否定意见。即使卡特不说话，只看他的身体语言，人们也能清楚地感受到，他对任何人要说的话都没有兴趣。

达芙妮清楚地看到，卡特和其他高管的糟糕关系正在危害整个团队的使命。有些团队成员向达芙妮透露，他们会刻意避免与卡特开诚布公地对话，甚至不会和他分享敏感资料。一开始，达芙妮尝试指导他们如何与卡特打交道。但是，她发现，其他人和卡特缺乏足够的透明度和坦率——足够的开放性，不足以开启建设性的对话。

实际上，达芙妮不喜欢冲突。但是，在这种情况下，她不得不试图掌控整个局面。她意识到，为了拯救这家公司，她必须修复卡特和领导团队关键成员之间的关系。虽说共赢是双向的，但她深深地知道，她必须成为先采取行动的一方。卡特需要改变自己的行为，达芙妮必须想方设法帮助卡特明白这一点，而且，她的方法不能破坏两人的关系——最好还能改善他们的关系。

怎样接近卡特？我为达芙妮提供了指导。通过下面的 7 个步骤，达芙妮开始了和卡特的共赢关系。

1. 征得同意，敲定时间地点

在提出反馈意见之前，即使对方已经表现出开放性，即使现有的关系已经相当牢固，我们也要先征得对方的准许，并且得到他们的口头同意。这是再缔约的正式邀请。如果对方拒绝了你的邀请，没关系，你已经给过他们选择的机会了，下次找机会再试一试。

达芙妮就是这样做的。她发了一封措辞谨慎的电子邮件给卡特，在邮件中她告诉卡特，她想对他提出一些意见和建议，他大可以拒绝。达芙妮在邮件中没有提到具体细节。她只是征询卡特的意见：在挽回业务颓势的过程中，两人应该如何发挥各自的作用？关于这一点，达芙妮是否可以向他提出自己的意见？达芙妮还建议了具体时间——下个星期的周例会。

达芙妮写道：

> 卡特，在下次开会之前，我想和你分享一些想法，我希望这些想法能对你有所帮助。
>
> 多年来，他人给过我无数宝贵的意见和看法，它们让我受益匪浅，这些意见和看法并非来自管理者，而是来自同辈，来自我熟悉的同事。我知道，他们关心我，希望我成为理想中的领导者。其中，你给我的建议尤为珍贵，对此我万分感激。你们的建议给了我更多信心，帮助我变得更加坚毅果敢。有时，我认为有些建议过于偏颇，我会稍打折扣再采纳。无论如何，我都会记得，人们对我说这一切是需要勇气的，他们都是发自内心为我

好。对此我始终心存感激。

如果你能接受同样的意见，我很乐意为你建言献策。如果你现在还没准备好，那么也没关系，我完全可以理解。

盼复。

这就是给出建议该有的措辞。它的方法很讲究，但完全不是外交辞令式的满纸废话。这封邮件意思明确，又不包藏丝毫责难。它用关心的语句开头：“我想和你分享一些想法，我希望这些想法能对你有所帮助。”中间段落表现了达芙妮自己的脆弱无助，以及她曾经如何从同事的意见中获益。在结尾处她明确指出：何去何从，全凭卡特决定。她把对话的结果——甚至要不要开启这次对话——的控制权完全交给了卡特。在信中，达芙妮明确征求卡特的意见，允许卡特按照自己的意愿拒绝她。

无论是否拥有正式的管理职位和头衔，我都建议你不要自以为是地指导他人。即使你是领导者，即使事实上的头衔给了你直接提出意见的权力，你也要先征得对方的准许。先解释清楚为什么要提出这些建议，否则你一定得不到期望的结果，长期而言也无法实现你想达成的目标。如果不信任你，人们就不可能听取你的建议。为了赢得信任，你先要征得人们的同意，再提出建议。同时，你要表达出对他人成长和成功的关心。

电子邮件发出之后，卡特做出了达芙妮希望的回应。他给达芙妮回信：“当然可以，请提吧，听上去不错。”当时，他们已经并肩作战很长时间了，达芙妮很容易自以为征得了卡特的同意。但是，对她来说，主动征询卡特的意见依然极为重要。如果没有得到同事的明确同意，我们就不知道他们是否真的对我们的意见保持开放态度。

2. 聚焦未来，为他人带来力量

对他人过去的表现评头论足，常常会导致对方捍卫过去的做法和选择。在帮助同事时，我们要知道，他们本来可以不听我们的意见。我发现最有效果的做法是，让指导性意见聚焦于未来，关注他人如果将来做些什么可以变得更成功。如果发现必须回顾过去才能找出那些事与愿违的行为，你就一定要赞美他人过去的积极行为，为这些行为欢呼喝彩，同时，鼓励他们将来做出同样积极的行为。

尽量不要告诉他人应该怎么做、必须怎么做。“你可能”这类措辞要好得多。你只是在慷慨地提出建议，对方可以按照自己的想法决定是否采用。多使用安抚性语言，例如，在上个季度的合作中，最让我心存感激的是 XYZ，我想建议下个季度尝试一下 ABC。

不要让自己听起来是在控制他人，尤其是在你对他们没有任何管理权的情况下。这是个陷阱，很多人会掉进去。多数人抵触建议的一大原因在于，多年来，来自父母和上司的指令已经把我们调教得认为自己必须照单全收，这让我们觉得，建议后面一定跟随着纠正性措施。这和我提到的情况不同，我们尝试提出建议，只是为组织的使命和自己的团队伙伴服务，让双方一起走得更远。这是共赢关系和传统的管理方式之间最大的不同。

在下次一对一的会议中，一直等到大家谈完其他工作，达芙妮才向卡特提出意见。她刚说了一句“卡特……”，就被卡特粗暴地打断了。“我知道！”他说，“高管团队的每个人都觉得我是个混蛋。”

达芙妮说：“我可没那么简单粗暴。但是……有时候你确实有点儿。”

达芙妮感到惊讶，又感到如释重负。她在邮件里使用的开放式语言给了卡特足够的时间思考她提出的一切，并为此做好了准备。她尽力控制，不提任何可能被认为是夸夸其谈的东西，而是尽可能迅速地把话题转向未来。

达芙妮说：“我们刚刚建立了伙伴关系，这让我非常感激。我们正在打基础，它会为管理团队和整个公司带来强有力的变革。”为了做到这一点，她还告诉卡特，整个团队的动力机制同样需要改变：“我相信你有机会成为表率，成为大家变革的榜样。”

接下来，她使用刚刚学到的技巧帮助对方做好准备以听取坦率的建议：“我们已经说得很清楚了，这些只是我的个人意见。听或不听、如何运用，由你决定。是全盘接受，是部分接受，还是全盘否定，悉听尊便。在我看来，这是一次大好机会，你能和其他高管互相更信任。如果我们不这样做，我担心这会限制你的能力，影响你和大家合作扭转局面的努力。你觉得呢？”

达芙妮稍作停顿。她提出的开放式问题让卡特有时间仔细琢磨自己该做些什么，随后，达芙妮提出了更多她对如何提高团队信任度的看法。

卡特紧锁双眉。他低下头，揉着自己的太阳穴：“‘信任’这个词太大了。你是在说团队成员不信任我吗?”他的声音里透露出戒备。

达芙妮告诉卡特，有些团队成员会刻意避免和他谈话，拒绝和他分享信息，但是达芙妮没有提任何人的名字：“有人说，你的本意是离间团队里的每一位成员。这纯属无稽之谈，我完全不信。人的行为并不总能说明本心。”达芙妮说：“像我们这样一个规模庞大的企业，它在转型的过程中难免会产生各种各样的误解。”她用亲身经历证明了这个看法。达芙妮说，在取得集团首席执行官加文的信任和重用的过程中，“很多人认为，我只是个行政人员，而不是富有战略眼光的领导者。相信我，当发现团队中有人这样说我时，我心里很不好受”。

卡特听得很认真，但看起来他依然受到了伤害：“信任和诚信是安身立命之本，它们始终是我的核心价值观，对我们财务工作者来说尤其如此。他们觉得我不值得信任，这让我受到了极大的伤害。如果团队成员真的不信任我，我不确定能不能轻易解决这个问题。”

达芙妮摇摇头，她说：“有一些很简单的做法，你可以试试看。我相信它们能帮你解决信任问题。如果你愿意听，我很乐意讲出来。重申一下，这些只是我的观察所得。”

卡特向达芙妮道谢：“说真的，你说的一切让我非常吃惊。我要先坐下来慢慢消化一下。如果需要你的意见和帮助，我会和你联系。”

3. 欢迎反馈意见

为了保持对话的线索不中断，达芙妮提出：“这纯粹是我的个人请求，当下次开会时，你能不能分享一些自己的想法，帮助推动业务转型？就当是帮我一个忙。我非常看重你的想法和意见。”

我强烈建议，要始终保持个人意见的双向通道，不要在没有请对方为你提意见的情况下向对方提意见。我们谈论的是共赢，它是一条双向行驶的车道。达芙妮要让卡特看到，她也有自己的盲区，也需要从他的指导中获益，而且她始终张开双臂欢迎他的意见。她还让卡特知道，她不仅极为珍视卡特关于她工作表现的种种看法，而且热诚地欢迎这些看法。

切记一点，即使身为团队领导者，我们也绝不能高人一等。要脚踏实地地站在团队成员身边，和他们一起成长和发展，要为我们的努力设立标准。不仅如此，还要真心实意地期待得到团队成员的坦率意见，欢迎不一样的视角，以及他们对我们的指导和帮助。

随着团队成员心理安全感和开放性的建立，提出充满关心的、坦率的意见会变得更容易。请注意，我说的是“更容易”，而不是“轻松愉快”。无论团队成员的关系多么密切，这种对话都是充满困难和挑战的。因为它们是高度私人化的。但是，如果能按照这些原则行事，我们就能为成功的共赢关系打下坚实的基础。

4. 随它去吧：意见就像礼物，只要送出去，就是人家的了

在向卡特提反馈意见时，达芙妮向他保证，如何处理这些意见是他的自由。指导性意见确实是一种礼物。作为礼物的意见一旦被提出，就成了对方的财产。思考、分析，或者抛弃不用，全凭对方处置。

就像达芙妮明确告诉卡特的那样："之所以提出这些想法，是因为我关心你和你的团队，但对你应该怎样处理我的意见，或者接下来会发生什么，我没有任何期望或先入之见。"她不希望卡特对此充满戒心，或者被迫按照她的意见行事。她希望卡特明白，一切由他掌控。

在接下来的几个星期里，达芙妮非常注意。每次遇到卡特时，她从不会提起那次关于团队信任感的对话。达芙妮不知道卡特什么时候会提起它，甚至不知道卡特会不会提起。

距离他们最初对话三个星期之后，有一天，卡特问达芙妮，能不能继续谈谈上次的话题，时间就定在周例会开始之前。他还对达芙妮解释，为什么她的意见会让他如此震惊。他说，其他高管完全不明白，为了让总部的首席财务官接受他们的业务重整计划，他付出了多大的努力。"我甚至拼上了个人信誉。我有时候觉得，吸引高管团队和员工注意力的唯一办法就是动用总部的权威，挥舞手中的尚方宝剑。"

听了卡特的话，达芙妮第一次发现，卡特真的没发现自己的行为对公司重整计划的影响。深受市场震荡之苦的各个部门需要与首席财务官紧密合作，找出提高工作效率的办法，而不是与笨拙的、一刀切的预算削减带来的额外负担苦苦斗争。达芙妮对卡特产生了前所未有的同情，也许部分来自两人对话中越来越多的坦诚。这让达芙妮感到惊讶。

我们提出的意见是一种礼物，所以，重申一下，要为此做好心理准备，同事不一定接受我们的意见。就像对待吉妮姨妈圣诞节送给我的那条奇丑无比的新领带，要允许有人只会口头道谢，然后把它“扔到抽屉里，试都懒得试一下”。我们要做的是，谦逊地帮助对方解决眼前的问题和忧虑，而不是逼迫人们做出回应。如果他们不肯接受你的礼物，你只能接受这一现实。你要接受他们现在的样子，接受他们在个人和职业发展中所持的立场。你要帮助人们提升他们能力的极限，不断地尝试与他们接触，尽最大可能获得他们的认可。

如果做不到顺其自然，如果尝试控制或者操纵别人的行为，你就会发现你在不停地和他们斗争。你可能会因此把他们越推越远，他们也会越来越抵触共赢。你可能会发现，他们根本不想成为你团队中的一员。要给团队成员足够的空间，让他们选择自己的路，你要做的只是支持他们。

5. 引领发现

坦率的意见并不总是直截了当的，后续可以慢慢微调，尤其是在指导性对话已经开始一段时间的情况下。提出问题，帮助同事反思他们的行为和业绩。帮助他们利用探索和寻求答案的纯粹好奇心和兴趣找到答案。

达芙妮注意到卡特一开始的戒心，注意到卡特不认为自己有错。她也听到卡特承认有问题需要解决。达芙妮觉得，卡特的这种责任感也许给她创造了一个机会，她可以利用这个机会让自己的意见变得更直接。

她对卡特说："我很想知道，我们可不可以提出几个简单的建议，推动工作向前发展。也许你我在和团队对话时可以更多地使用'我们''咱们'，这样大家会觉得每个人都是这支团队的一员。我们可以这样问：'为了更好地支持销售工作，我们可以做些什么？'而不是简单粗暴地考察他们少得可怜的业绩。"

她对卡特说："他们也许会拒绝我们，但是毕竟我们提出了这个建议。"

为了帮助卡特给他人留下更多富有团队合作精神的印象，达芙妮还提出了一些很实用的建议。她对卡特说："让我们更多地参与到各个解决方案中去，在推进财务项目或者发现财务数字有问题时，你可不可以先告诉我和加文，而不是直接向总部汇报。这样能让我们的团队有时间集思广益，更好地向总公司做出解释——这样做并没有违反公司的任何流程规定。"

接下来，达芙妮试着把两人的目光聚焦于未来："虽然这看上去没什么了不起，但是，这些微小的改变实际上对你留给他人的印象影响深远。它会帮助你成为'我们'中的一员，而不是'他们'中的一位。"

在我看来，达芙妮抓住了极其重要的一点。即使感觉尚未赢得提出坦率意见的准许，我们也能找到合适的语言帮助团队成员自己发现真相。提出问题，请人们反思过去的成败。这样能引导人们认清自己的行为，形成自我洞察。

试着多问"什么"和"如何"。例如，你刚参与了一场设计得非常糟糕的谈判。彼得是这场谈判的牵头人，他非常期盼尽早达成协议，为此做出了很大让步，甚至是主动让步。换句话说，为了达成协议，彼得牺牲了很大一部分公司利益。但是，你并没有得到彼得的准许，无法向他提出批评意见。这时，你可以提出“什么”和“如何”式的问题，把你们的对话引导到这个方向上来：“你觉得这场谈判怎么样？可以如何更好地完成它？上次谈判成功的关键是什么？你有没有觉得这次和上次不大一样？”

这类问题能够引导团队成员得出自己的结论。他们更有可能因此而顿悟。当提出问题，引导团队成员自行解决时，我们相当于赠予他们一个礼物，它能带来最强有力、最持久的个人成长与发展。

与此同时，要避免提出“为什么”式的问题。它们只会带来评判性结果，无法带来建设性对话。我知道这一点，是因为过去我几乎一直在问“为什么”。我自以为这是坦诚直率的表现。我真的想打破砂锅问到底，为什么有些事情会出错——错过的日期、超支的预算、超期的项目、一塌糊涂的决策等。但是，这样做让我听上去充满了谴责和控诉。结果，我既没有让人感觉到我对他们和团队的理解和支持，也没有得到一心想要的答案。

“为什么会派彼得主导这次谈判？他根本没有谈判经验！”类似的问题只会让整个团队感觉受到了拷问。换成这样的问法也许好得多：“彼得是这次谈判的负责人，关于他的表现，你怎么看？”这样说等于在征求对方的意见，可以减少对方的戒心。人们不会感觉自己需要解释什么，也不需要证明自身决策的正确性。

6. 关心、关心、更多地关心

初始阶段的共赢关系极大地依赖于语调、方式方法、措辞和——最重要的一点——真诚的关心。我们必须真心关心他人，才能创造出共赢关系。达芙妮并不想通过改变卡特来满足自己的需求。她清楚，团队成员对卡特的投诉反映了他作为高级管理者比较糟糕的一面。就卡特而言，他应该知道为什么自己会在人们心里留下如此糟糕的印象。

达芙妮经常以称赞开始她的反馈，把坦率直陈留到后面。这和我之前的导师莫里斯教我的方法正好相反。她把莫里斯的方法称为“狗屎三明治”。她说，用两段好话包住一段批评意见并不会让它更好地“下咽”。

如果你真的不关心他人的发展，那么莫里斯的说法就是对的。但是，“狗屎三明治”和真心实意、共赢式的对话之间存在巨大差别，那就是真诚的关心。要提出批评意见，必须确保整个对话过程闪现着真正关心的光芒。请注意，没有人在乎你知道多少，除非他们知道你有多在乎。

7. 设定责任落实的期待值

达芙妮和卡特的每周例会形成了一种可靠的框架，它保证了两人对共赢关系的责任落实。尽管卡特还没有反过来提出更多的建议，但是达芙妮已经看到自己的意见在卡特身上产生了效果。每当财务工作遇到意料之外的小问题时，卡特真的会主动联系达芙妮，而不是像过去那样立即上报总部。达芙妮还看到，卡特会在和团队成员开会时使用他们一对一开会时的语言和口吻。在团队会议上，在两人做近况汇报时，达芙妮总是刻意地在讲话中穿插很多“我们”，以此强调大家是同舟共济的队友。也许是为了呼应达芙妮，卡特也会跟着这样做。

由此可见，也许我们有必要在推进工作时更加深思熟虑。在团队成员提出反馈意见时，请他们实时监督你的责任落实情况，也可以每个月或每两个星期做一次近况沟通。

在收到人们的反馈意见时，我们可以通过以下方式提出实时落实责任的请求。

> 谢谢你，乔。我很乐意接受你的建议，我要改变自己倾听他人讲话的方式。帮我个忙，如果看到我插话，或者看到我打断别人讲话，请你当场阻止或提醒我。

等到人们真的在众人面前这样做了，你可能会奋起回击。如果发现自己可能会这样做，你可以稍微修改一下上面的提法。

> 嗨，乔！我很乐意接受你的建议，我要改变自己倾听别人说话的方式。帮我个忙，如果看到我插话，或者看到我打断别人讲话，你能不能把我拉到一边，向我指出这一点？

如果感到自己会反击，同时发现实时反馈能帮助你改变这一行为，你也可以试着设定一个安全口令。这样可以让整件事情变得更轻松有趣。

乔，我们可以这样办。我很想改变自己倾听他人说话的方式，就像你建议的那样。但是，我的天，只要牛脾气一上来，我就很难停下来，尤其是在我被惹火或者感到兴奋的时候。无论如何，请一定在散会时把我叫到一边。请尽量使用特别的说法引起我的注意，比如，“我很想知道同事们怎么看这事”。只要一听到这句话，我保证，我就会立刻安静下来。我发现自己正在不断进步，感谢你愿意帮助我成为更好的人。当然，我也很乐意投桃报李，如果什么时候你需要支持，我可以同样帮助你。

定期的双周沟通或者每月沟通能产生极大的价值。问问你的同事，他们是否愿意给你一个你希望改变的行为的最新反馈。在每次沟通时，要主动给他们反馈。人们要求反馈意见的时间越长，你就越需要准备好具体的、易于实施的例子。而且，在表达的时候，你越需要有同理心。如果有人对接受意见犹疑不决，你可能需要先放出一个探测气球——也就是比较容易接受的意见——帮助他们克服听取意见时的恐惧心理，帮助他们更频繁地定期征求意见。通常来说，到第二次情况沟通时，多数人可能已经接受了你的请求。到那个时候，你们就真正做到共赢了。

如果坦率的意见不是建立信任的核心和基石，我无法想象还存在哪一种有意义和建设性的关系。领导者应当让大家都知道，坦率地提出意见是组织运营的常态，人们需要定期提出这样的意见。要明确表达对不同看法的开放态度，这样能培养出一种新文化，让建设性的不认同和对创新方式的追求变成安全的事。

杰夫·米维斯

波士顿科学公司
外围干预业务总裁

共赢：互相支持的终极形式

说到底，达芙妮的方法是一种真诚的关心。她向卡特指出，团队不太信任他。她这样做并不是刻薄鄙夷，也不是纵容自己的情绪，对他进行攻击性或防御性的反馈，达到贬低、轻视或冒犯他的目的。达芙妮直言不讳地说出自己的感受，不带任何情绪或者丝毫的矫揉造作，这是因为，她相信卡特的成功是整个团队成功的关键。

用好真诚的关心，它能让我们更好地帮助团队成员学习、成长和发展。我发现，它是帮助别人采纳意见的最有效的方法。如果发现有人仅仅为了挑错而提出批评意见，那么我们会对其充耳不闻。但是，当我们的出发点是真心帮助他人成为能力范围内最好的自己时，这就是慷慨的终极形态，我们就是在真正地服务他人。

共赢可以成为人们一生的馈赠，能彻底改变一个人的生活轨迹或者职业发展路径。这种简单的对话彻底改变了达芙妮和卡特的人生，它同样可以改变你和你关心的人。下面是一些表达真诚的关心的技巧。

全神贯注地倾听

要想具备成为一名卓越的指导者所需的信任水平，全神贯注且充满关怀地倾听是至关重要的。玛莎·雷诺兹在她的著作《不适区：变革时期不可或缺的关键对话》中指出："每当走到一起时，人们总是会产生精神层面的联系。人们在互动时，会发生某种'大脑与大脑之间'的神奇互动。对话的目的、情绪和对他人的看法会影响人们的变革意愿、欲望和勇气。必须全神贯注、一气呵成，在整个对话中有意保持信任感。"[2]

当写下这段话时，我的手机就放在手边。每隔半个小时我就会检查一次手机信息。我应该关掉手机，也许更好的办法是把它放在另外一个房间。我没有这么做。但是，当面对面向他人提出共赢建议时，我们要保证绝对专心致志。2012 年，《时代周刊》提出这样一个问题："手机正在把我们变得不可理喻吗?"这篇文章援引了众多研究，指出了信任和全神贯注之间的紧密联系。研究还指出，即使是看一眼手机这样的短暂分神，也会打破这种信任联系，降低人们的同理心和对他人的关注。[3]

如果想让某位同事和你坐到一起发展信任，建立更好、更融洽的关系，你就不要让三心二意搞砸了一切。

确保你的意见是为了他人，而不是为了你自己

指导工作如果更多地为了给予者，而非接受者，就会经常以失败告终。要确保你提出的意见是为了团队成员，而不是为了自己。在提出任何可能被当成批评的意见之前，一定要事先做好自我检查。问问自己："我要说的话对他们有什么帮助？"如果无法确定，你可以先问问其他人的意见。

我们的技术公司里有一位销售助理，她在很多方面表现得极为优秀，但是我明显感觉到她需要注意一下个人形象，包括她的着装、礼仪、口语表达，甚至她说话时的腔调。如果想获得更好的发展，发挥更重要的作用，把我们的产品和服务卖给全球最顶尖的人力资源高管，她在这些方面就需要提高。

我在心里反复掂量："也许我只是过分敏感了。"我很担心会把自己的某些问题投射到她身上。我和她是在两个世界里长大的，我是依靠奖学金读完私立学校的，同学们因为我的说话方式、因为我不懂得用哪个叉子吃饭、因为我穿着哥哥姐姐的衣服而嘲笑我。我最不想看到她在我们的对话中感觉受到了伤害，我不想让这位年轻女士体验我遭受过的冷落。

所以，我没有说出那些可能令她难堪的话，而是找了几位负责人事工作的朋友，请他们对我要说的话做一次坦率直接的测评。他们认可了我的看法，着装和仪态确实限制了她的职业发展。这让我如释重负。我确信自己的意见确实能帮助她（而不是因为我自己的不安全感），这让我充满了自信，我终于可以和她讨论这个敏感话题了。我

先是取得了她的准许，然后提出了我的建议。结果，她真的理解了我的意思，接受了我的建议。

我是在一个不可思议的场合学会留意这个问题的：戒酒无名会。虽然这个组织是作为帮扶团体成立的，旨在帮助生活遭受影响的酗酒者的家庭成员，但是，很多人参加戒酒无名会是为了解决他们无法控制的其他问题。为了处理一段失控的关系，我第一次走进了戒酒无名会。我需要搞清楚，无论如何努力，我都无法控制他人的行为。我随即发现，我与公司某些员工的关系也有相似之处。现在回想起来，当时我不赞成他们的某些具体行为，是因为那些行为让我觉得自己不受尊重。我把自我意识投射到他人的改变中。我希望他们为我而改变，而不是为了他们自己。

因此，在给出坦率的意见时，我们务必确保它不涉及我们的自我意识。要确保我们关心的是我们所知的、他人想为自己谋取的发展。在我儿子很小的时候，我会对他说："吃饭时不许吧唧嘴！"在我的严厉斥责之下，他的行为确实有所改善，但并不持久。换个时间，换个地点，现在我会换一种方式提出相同的意见："还记得你在学校聊天的那个姑娘吗？你和她一起吃饭时也会吧唧嘴吗？"

这一次很管用，他立刻停了下来，凑到我身边问："你说的是什么意思？"我向他解释，女孩子通常比同龄的男孩子更注意卫生和良好的仪态。我调整了建议的出发点，使之更好地为他服务，为他想得到女孩子欢心的愿望服务，他立刻变得更感兴趣了。

在指导他人之前，可以先寻求对方的帮助

完美的共赢关系就像一场网球比赛，我们有时发球，有时接发球。在必要时，我们会向团队成员提出坦率的意见，他们也会反过来向我们提出意见，有来有往，不断进行。但是，一开始，坦率地对团队成员的工作表现提意见常常让人畏惧。如果感觉自己还没有获得足够的准许，你可以暂时不提，先请团队成员帮助你改进和提高。接下来，如果你们的往来进展顺利，你可以适当地提出你的意见，作为对方给你提出意见的回报。

征求意见的频率不需要过于频繁。总的来说，如果我们养成了征求他人意见的习惯，人们就更有可能听取我们的意见。意见是双向发挥作用的。如果大家都知道你经常征求团队成员的看法，他们中的很多人就可能反过来征求你的意见。

如果认为自己过了需要发展提高的阶段，那么你需要重新思考一下。无论处于哪个层级，每个人都需要从学习中受益。百事公司前董事长兼首席执行官卢英德曾经对《财富》杂志说："永远不要停止学习，无论你是刚刚大学毕业、步入工作岗位的新人，还是首席执行官，没有谁是全知全能的。承认这一点并不代表软弱无能。最强大的领导者都是终身学习的好学生。"[4]

对坦率意见的执行负责

获得了提出坦率意见的准许，并不代表我们的意见总是受欢迎的。即使已经建立了牢固的信任关系，即使坦率原则已经主导了我们

的关系，人们也很容易做出越界的行为。

我最近刚刚结束和一支新团队的合作。团队中有一位成员事先用近乎警告的语气告诉我，他们的团队从骨子里就是坦率直接的，他们原本就是一支坦荡的队伍。

他们把这种坦荡当成团队的荣誉勋章，但是，我很快就发现，这不过是一种破坏性行为的托词罢了。在一次会议上，这个人好几次明确提出，他不认同我们正在讨论的解决方案，他认为这个方案根本不值得讨论。他对别人讨论的内容表现得极其冷漠，并且他的某些言论充满了敌意。最后，这场对话不得不草草收场。

后来，我对这位具有破坏性的团队成员的背景有了一些了解。他的童年过得相当艰难，他在家里提出的意见总是遭到漠视，因此养成了迫不及待地提出意见的坏习惯。成年之后，他用“有一说一的坦荡君子”形象重新包装了当初那个“毫无安全感的小男孩”的种种行为。但是，这种坦荡从未发挥过作用，因为接收意见的每个人都知道到底发生了什么：这家伙根本没有把共同使命放在第一位。

作为提出意见者，我们必须知道我们的坦率是如何实现的。我们必须以促进对话——而不是赢得辩论——的方式实现坦率。毫不关心他人的看法、盲目地认为对方会接受我们的观点，这是懒惰和自我放纵的表现。这会伤害我们为了实现团队使命和目标而付出的努力。

与此同时，我们还应该注意到，每个人都有一些行为是和过去某些不太愉快的经历联系在一起的。这就是要让同事成为充满勇气、充满关爱的共赢者的原因，这样能帮助我们把自己的行为与我们在生活中真正追求的目标统一起来。

卸下防备

担任首席营销官期间，我投入大量资金，研究用户对服务的反馈。拿到报告之后，如果把它们放在抽屉里睡大觉，我就是个大傻瓜。同样的道理，如果故意不听别人的意见，不研究他人对我们的看法，自行其是地闷头做事，那么我们也是大傻瓜。

听到自己的弱点被指出，或者听到自己的糟糕表现被提及，我们中的大多数人都想辩解和反击。为了更好地避免这种常见情形的发生，我总结了几种最佳做法。它们有助于我们更好地听取意见，能帮助我们做到闻过则喜。

保持冷静。记住一点，意见和数据并没有什么区别，它们的作用都是帮助人们更上一层楼。提醒自己，你完全可以把控这一类型的数据，要把它当作他人的馈赠。即使它让你感到痛楚，也要全力让自己谦逊地、充满风度地接受——无论他人提出的是什么样的意见。

当身陷消极情绪时，我们是否应该纵容它？是否任由它战胜自己最好的一面？我们总是有选择的。对有些人来说，控制情绪相对容易，对其他人来说则不然。关键是要认识到，如果因为你的防卫反应或者其他情绪化的反应而切断了他人的意见之源，唯一的结果就是会限制你的潜在发展。

有些人会在面对意见时充满痛苦和挣扎，那是因为他们把意见看成了指令，认为自己非得照办不可。他们是受到了管理者按条例办事这一旧习的影响。这种想法是不对的。我们有权自行判断任何一条意见是否有利于我们成为更高效的团队成员。尽管如此，意见对我们的职业成长和成功也具有决定性作用，因此，不要错过那些充满力量的潜在洞察力和校正方向的机会，它们可能就藏在他人充满关怀的意见中。

如果无法控制自身的情绪，无法接受他人的批评和意见，你可以把这个情况告诉与你共赢的伙伴——请他们帮你一起克服这个难题。记住，控制权在你手里。你可以改变自身的反应。只要愿意，你就一定能在面对批评时做到放开自己。

提出问题。解决了戒心这个问题之后，好奇心可能会成为下一个关键问题。要对别人提出的意见感到兴奋，积极地探索这些意见。如果不明白意见的内容，或者对方的表述不够清楚，你就要进一步寻求解释和澄清。如果团队成员的意见过于笼统，你要进一步深挖——但要对此充满热情。比如，如果对方说："只要充分发挥沟通能力，你就一定会受益匪浅。"这时，你需要探求更具体的意见："是因为我在会上发言太多了吗？还是因为我的语气不对？如果只专注于解决一个问题，你认为哪个更重要？"也可以这样回复："太好了，我很想深入理解这一点。"或者："哦，太感谢了，能不能举个例子？你是什么时候产生这种感觉的？"请对方坦率直言，展现你成熟的一面，让对方看到你在面对成长和发展时的开放态度。

一定要说"谢谢"。无论是否认同他人提出的意见，你都要表达感谢，就像每次收到礼物都会感谢对方那样。要清楚地告诉对方，你会把他们的意见当成珍贵的礼物，它们会帮助你收到的更多的礼物、更多的反馈意见。要感谢他们的慷慨。这有助于你们建立更深厚的信任和更牢固的心理安全感，保持你们的开放性。要不断邀请他人与你分享观点和看法。即使偶尔感到有人故意把提意见当成嘲弄我们的工具，也不要在意。我们照样要说“谢谢你”，然后做正确的事。

要理解他人的想法，这永远是最好的选择。你可以很好地利用这些反馈信息。否则，你可能会遭到孤立，凭空猜测他人的想法和感受，这样会让他人的行为充满模糊性，你甚至会成为他们某些行为的受害者。

不要竭泽而渔。双方的关系越牢固，反馈意见就会越流畅、越频繁。因此，在倡导提出更多的反馈意见之后，一定要留意你获得回报性意见的频率。要评估对方在你身上的投入水平。根据你在对方身上培育的开放性，判断你和共赢伙伴之间的投入度，共同走向的更高层次，以及团队的项目、目标或使命需要的投入度。

就意见征求意见

当有来有往地提意见成为一种自然而然的工作方法之后，你可以寻求对方关于你提意见的方式的看法，把双方的意见交换变得更精细化。这是一种很好的做法。你分享的意见是怎样在对方身上发挥作用的？要就此询问对方的感受。你的意见对他人的影响力如何，他人自有认识，根据这些认识，你和你的队友也许希望增加或者减少意见中的某些方面。这种开诚布公的对话是极为健康的，它能加深共赢关系，帮助你们一起前进。

指望对方成为你肚子里的蛔虫，猜到你内心的想法，依靠直觉知道你更偏好哪种合作方式——接受意见的方式或者沟通方式，纯属痴心妄想，这从未发生过。我经常会过快地、武断地推进行动，这是我要解决的一大难题。如果只有半个小时，我希望直奔主题，在短时间内取得成果。在绿讯，我们的市场营销负责人完全不同，她真正看重的是更长时间的对话带来的亲密感。她对我们的工作极为自豪，希望深入讨论我们是如何一步步达成决策或者得出某一观点的。我有时会粗暴地打断她，请她直奔主题。这时，她会彻底安静下来，我的不耐烦伤害了她的感情。

为了让共赢关系真正发挥作用，我不能因此感到挫败，她不能因此感到不受重视和尊重。我们要理解彼此的想法，精确地调整我们的方式。我设身处地地感受她喜爱的沟通方式，并尽力向她表达这一点。同时，还要注意不在她说话时表现出一丝一毫的不耐烦。彼此坦率和团队合作精神帮助我们认清了彼此的不同风格和优点。最终，共赢让我们与他人的合作变得更有乐趣、更流畅、更有效。

我们的团队成员不懂得读心术。我们要帮助他们读懂我们，要主动提出要求，相互支持，并肩前进。

团队领导者经常自以为“和蔼可亲”，因为他们没有把那些可能伤害人们感情的意见说出来。其实不然，真正的善意是需要勇气的，它需要坦率直言的勇气。人们总是很容易把善良和懦弱混为一谈，实际上，真正的善良是需要力量的。高绩效环境依赖的是坦率和透明度，是它们创造了丰富的、协同作战的合作伙伴关系。这种伙伴关系能带来非比寻常的工作成果。

丹尼尔·柳别斯基

KIND Snacks 公司
首席执行官

向上管理与共赢

经常有人问我，是否应该向自己的上司提出坦率的个人意见，我的回答永远是："当然！"人们的职位越高，就越需要来自基层的逆耳忠言——也越难获得这些意见。

军队会刻意训练人们向高阶军官提出直截了当的反馈意见，但要首先询问："是否批准直言，长官？"在我的一家公司里，一位高管曾经是一名美国陆军游骑兵，他真的把这一做法带入了工作。只要他来到我的身边，说出这句神奇的话，我就知道，我免不了被他一顿真心实意、充满关心地批评。

但是我们不免会担心，担心自己的真实意见得不到应有的采纳。万一上司生气了怎么办？如果真的如此，你可以向上司道歉，告诉他，你这样做只是为了提出自己的想法。因为你足够关心和在乎，才会这样做。

还有一种可能，你可能没有取得对上司提出意见的准许。你的上司还没有准备好，或者暂时不想听你提出意见。如果是这样，你可以帮助他们做好准备。敞开心扉是你的责任，你要想方设法取得准许，回归服务和分享，更重要的是，回归关心的实践。

诚然，有些管理者嚣张跋扈，控制成癖，毫无自知之明。即使如此，你也有责任审时度势，谨慎行事。不要越线，不要无故刺激你的上司。保住现在的工作，如果不行，那就另找一份工作。你完全有可能找到更好的工作。

帮助你的团队成员进步

2017 年，美林银行的首席执行官安迪·西格宣布了一项关于收入增长的重点工作。一位叫理查德·普卢塔的资深顾问通过朋友史蒂夫·塞缪尔斯联系了美林银行总部，他想看看自己能帮上什么忙。

理查德和史蒂夫共同为安迪带来了一份计划。这份计划的核心是，持续不断地邀请成长最快的美林银行咨询顾问，建立一个名为“顾问增长网络”（AGN）的社区。社区面向所有顾问，他们在这里相互指导、分享让他们成为顶尖交易员的快速成长的技能。

理查德说：“是时候为我们自己站出来了，是时候该承担起自身和彼此的责任了。除了团队成员，还有谁是尽快启动这样一个项目的最佳人选？我们今天发起这项运动，为了共同前进，相互激励和启发，提高自己为客户服务的能力，提高业务增长的能力。”

AGN 很快从公司的 1.5 万名顾问中吸引了 600 多位成员。今天，美林银行的每一家地区分行都建有自己的互助团体，它们通过指导的方式支持自己的同伴，与此同时，他们还会得到其他人的指导，这些人拥有良好的业绩记录。

公司的地区市场高管看到了 AGN 工作的早期成果，他们也决定成立共赢团队，通过相同的、来自绿讯的方法，分享管理方面的最佳实践。这为他们带来了令人艳羡的佳绩。根据美林的报告，短短两年，公司的家庭并购业务增长了 6 倍。与此同时，公司的营业收入、净现金流入和净收入都创下历史新高。

有了 AGN 这一基础，加上经理层面和地区分部层面的同侪互助，西格的发展计划得到了有效落实。理查德、史蒂夫、AGN 成员以及很快发展起来的几千位地区分部成员共同促成了一场轰轰烈烈的发展运动。这场运动帮助他们也帮助公司大力推进了共同使命——加速发展壮大和加大对客户的关怀。

意见不合如何共赢?

慢慢地，卡特越来越频繁地征求达芙妮的意见。在筹备会议上，他会问达芙妮：“我这样说合适吗?”达芙妮会坦率地向他解释：“我从你这句话中听到的是……”“你可以考虑这样说……”

事实证明，指导卡特也为达芙妮带来了成长的良机。她变成了领导者，她明白，有时最好不要计较鸡毛蒜皮的小事。达芙妮不喜欢卡特强迫症一样照本宣科地朗读演示文稿中的每一行文字，因为那样非常枯燥和机械。她建议卡特在下次演讲时反其道而行之，只在文稿里写下几个要点，演讲时根据要点现场发挥。卡特接受了她的建议。结果，在演讲时卡特发现，这样的讲法明显非常令人不快，他那场演讲糟糕透了。达芙妮反思了这件事，她发现卡特原来的演讲风格没有问题。她调整了自己的指导意见，以更好地匹配卡特的需求和能力。于是，达芙妮变成了更优秀的导师。

在团队成员面前，达芙妮从不吝惜自己对卡特的赞美。她会提醒人们看到卡特取得的巨大进步，以及卡特和她一起取得了多么优异的成绩。每次开会之后，她都会细心地给卡特发信息，告诉卡特，她多么感谢他的辛勤工作，或者感谢卡特为自己提供的财务方面的敏锐洞察和场景分析。每次开会前，她会专门拿出一段时间回想卡特为她和团队以及整个公司做出的贡献。达芙妮会直接告诉卡特，在她看来，他在哪些方面发生了改变，他通过怎样的方式和团队建立了更融洽的关系。

当部门遇到困难时，达芙妮和卡特会迅速发挥相互信任的共赢关系的巨大作用。他们还邀请高管团队的其他关键成员在公司食堂共进午餐。他们在和销售部门负责人讨论“协作解决问题”和共赢问题时，产生了新的灵感，最终形成了更加聚焦、更加合理的近期销售目标。在一次午餐会上，达芙妮和卡特惊讶地得知，不同的产品组合居然可以为公司节约成本。这是卡特以自己的专业财务视角完全无法想象的。

达芙妮和卡特还和销售部门负责人合作，建立了一整套迭代式的30天“胜利冲刺”项目。这些项目的设计不仅体现了可衡量的成绩，还给了团队足够的时间去适应，并在必要时调整方向。当第一段冲刺结束时，如果有些关键目标没有实现，人力资源和销售部门的负责人会提出要求，增加更多的销售培训资金。一开始，卡特对此十分抵触，参与了一次培训课程后，卡特的态度开始缓和，因为他在课上亲眼见证了培训的价值。

这些由达芙妮和卡特发起的、非正式的餐厅短会很快就开到了（首席执行官）加文的会议室里，参会人数也扩大到每次 6 到 8 人。达芙妮和卡特各自建立了关系行动方案，以便更加正式地扩展他们的团队。一开始，他们只是随意地和团队中的其他成员开展非正式对话，搜集数据，这种对话逐渐升级成为协作解决问题的正式会议。

就这样，达芙妮和卡特的共赢实践不可阻挡地为整个高管团队打开了大门，带来了变革性的共同创造。在他们的一次 CPS 会议上，法律顾问对一处合同条款无意间的发现带来了令人惊喜的突破。他们对销售合同的两处措辞稍加改动，结果短短 45 天就把续约率提高了 30%。销售部门完成了本季度的销售目标，这是 5 年来的第一次。

这样的成功为团队带来了更大的动力，在接下来的几个月里，一项新的战略计划出炉了，这项计划基于改进的信用管理、新的并购计划和产品上市的新模式。并不是每个人都能跟上这样的步伐，所以，加文在信息技术部门和市场营销部门实施了领导团队改革——这是一场早该到来的改革。加文在达芙妮的指导下完成了这次改革。在我结束对这支高管团队的指导工作时，这家公司已经实现了盈利，这是 5 年来的第一次扭亏为盈。

达芙妮把卡特看成自己团队的一员，认为他需要自己的帮助。这一认识是上述所有令人惊喜的成功的源头。与卡特的共赢关系全靠她，与卡特建立紧密且互信的共同发展关系全靠她，达芙妮接受了这一点。因为达芙妮和卡特的相互支持，在和团队成员的合作中他们一次又一次克服了挫败，最终完成了他们的目标。

职场旧原则：职业生涯要发展，工作中各项软硬技能要提高，这一切全靠管理者、业绩考评和项目培训。总的来说，作为一名管理者，我们只能对正式划归自己管理的、直接向我们汇报工作的人提出关于发展的意见。

职场新原则：我们会在团队以外寻求成长和发展，会对团队成员提出坦率的意见。他们需要这些意见来发展和提升自身的技能、业绩和行为。之所以这样做，是因为我们关心他们的成功，我们有责任推动更大的使命并走向成功。

何为信任?

当听到高管团队成员不信任自己时，卡特感到非常震惊。卡特一直认为自己非常值得信任，认为自己有着坚如磐石的诚信和正直。信任对他的工作很重要。慢慢地，卡特发现，信任可以分成不同的类型和层次，某一种值得信任的行为不一定引发相应的信任结果。

多年来，我们在绿讯的研究聚焦于如何在变革时期帮助团队主动建立信任的干预措施，这是团队真正面对压力的时刻。我们采用的模型把信任分为三大类型，每一类型的信任还可以细分为三个部分，我们还研究了如何建立各种类型的信任。

职业上的信任是通过完成工作目标建立的。当不同的个人职业经验引发不同的观点时，这种信任感可能会降低。例如，作为财务部门负责人，卡特不认同其他运营投资的价值，而其他团队成员认为，这些投资是销售增长必不可少的。这时，大家对卡特的信任就出现了危机。人们认为卡特短视且无情，对公司业务发展的需求置之不理。

结构性的信任通常是组织信任的分解。科层结构通常允许管理者对下属和下属的行动自由行使权力，尤其是在管理者有权决定下属的业绩考评和晋升通道时。一家企业的不同职能部门之间存在诸多制衡关系，从财务部门到人力资源部门再到信息技术部门等。一个部门的职权往往正是其他部门渴望得到的，就像卡特的财务部门控制着全公司的预算和开支一样。这些结构性现实可能会带来信任的崩溃，极大地挑战透明度，威胁组织的心理安全，阻碍共赢和变革不可或缺的大胆尝试。

个人信任是信任的终极形式。培养个人信任是在职业信任和结构性信任的崩溃中为自己找到方向的关键工具。它是修复崩溃的职业信任和结构性信任的最有效手段。

想想那些曾经在工作中与你意见不合的人，或者依靠职务妨碍或阻挠你实现目标的人。当能够坐下来和另一个人一起解决这些问题时，仅仅是因为我们彼此还有对个人的信任，这种信任通常可以帮助我们修复信任的裂痕，达成双方都认同的解决方案。之所以能做到这一点，是因为我们相互尊重、关心和承诺。这也是我们如此强调在工作关系中建立个人信任的原因。

原则 6

认同并赞美

认同，是联邦快递公司文化的精髓——它是公司全球品牌和美誉的根本。不管身处全球哪个角落，只要尊重自己的团队成员，赞赏和认可正确的行为，你就能帮助人们达成超乎寻常的业绩。这听上去很平常，但它确实是企业管理的硬道理。对我的团队成员来说，尽全力工作与做最低限度的工作之间的差别决定了公司的成败，它直接影响到公司的财务盈亏。

拉杰·苏布拉曼尼姆　　**联邦快递**
总裁兼首席运营官

2010年，通用汽车正从刚刚完成的破产重组中恢复元气，通用汽车北美公司的领导层意识到，公司的复兴取决于改善几千家独立连锁经销商的客户体验。通用汽车为此启动了一个叫“可信顾问”的新项目，专门培训负责现场销售团队的通用汽车区域经理。

“可信顾问”的目标是，尽可能把区域经理的身份转变为汽车经销商的战略合作伙伴，帮助经销商扩展业务，完成销售目标，同时提升客户体验。换句话说，“可信顾问”的目标是，在广阔的北美市场帮助每一位通用汽车区域经理和特许经销商建立共赢关系。

通用汽车北美公司总裁马克·鲁斯并没有尝试一次性转变几千名经销商。恰恰相反，他和他的高管团队从小处着手，首先从50位区域经理做起。这50位经理每人对接一家经销商。北美公司的想法是，从小规模做起，逐渐扩大这种新型合作伙伴关系。先把事情做对，再把成功经验传授给兄弟经销商。

马克发现，在公司破产的余波中，提升销售团队士气最好的办法是创造成功的势头。“可信顾问”项目刚刚露出成功的曙光，马克和他的团队就开始赞美和庆祝项目团队取得的进步。

他们并没有等多久。在最初的几个月里，好消息不断传来，参加“可信顾问”项目的区域经理开始帮助他们的经销商全方位提高盈利能力，包括租赁率、配件销量和汽车销量等等。层出不穷的新创意得到验证，如为租约即将到期的用户提供新型代用汽车等等。

在我们绿讯团队的支持下，马克和他的团队考察了早期的工作成果。我们仔细评估了每一项新做法，确信它们是创新的，取得了可衡量的成果，改善了客户体验，并且是可复制的。只要收到一线员工上报的最佳新实践，马克就会慷慨地赞美区域经理和他们的经销商伙伴，赞美他们的独创精神和对工作的投入。马克会把每一种新实践的细节写进自己的每周通讯中，发给全部一线销售团队，帮助他们更方便地尝试和采用这些新做法。

马克的投入和热情带来了巨大的影响。每次看完报告，他总会飞快地拿起电话，亲口赞扬某位区域经理最近与经销商共同创造了更有效率的新工作方法。马克甚至会亲自招收新的经销商，了解关于新实践的体验，亲眼见证它是如何发挥作用的。作为领导者，马克身体力行地展示了什么叫一起走得更远，他为众人树立了了不起的榜样，得到了整个一线销售团队的认可。

在项目启动的当年，这 50 家加入“可信顾问”项目的经销商就不断地带来令人震惊的好消息。其中一家经销商的配件销售额增长了 44%，另一家经销商的租赁率从近乎 0 增长到 45%，其月销售额增加了 41%。

马克的高管团队很快在全美范围内开展了一项运动，赞扬和祝贺种种成功先例和它们背后共同成长的共赢关系。他们为典型案例录制了视频，每周循环播放，还为这些惊人的成果撰写了好评和介绍，在所有通用汽车的内部和特许经销商网络上传播。经销商被邀请参加通用汽车的地区和全国活动，他们在这些活动中受到赞美，又反过来赞美通用汽车公司和它的“可信顾问”合作模式。

马克和他的团队亲自赞扬这些早期的小规模胜利，先是在经销商层面，随后在更广泛、更深远的层面赞美这些成功。通过这样的方式，他们在整个通用汽车北美销售部门开启了一场轰轰烈烈的运动。销售经理和经销商都开始呼吁和赞同这样的变革，因为它显著提升了收入、市场份额和客户满意度。通过经销商和区域经理的共赢式创造，“可信顾问”项目为通用汽车特许经销商创造了服务客户和盈利能力的新模式，为通用汽车重整旗鼓的组织改革带来了新动能。

像阳光一样温暖他人

通用汽车的故事告诉我们，微小而专注的积极能量可以在整个组织里创造指数级的收益。无论何时发挥自驱型领导力的作用，一项最直接的职责都是成为团队成员的支持者，为他们服务。称赞和庆祝是关心和责任心的关键补充，还能更快地拉近人与人之间的距离。今天，我们努力地赞美他人、为他人的成功欢呼喝彩，明天，当遇到困难时，我们就会得到对等的帮助。

我的朋友菲利普是一家全球广告企业的负责人，他的客户包括很多《财富》500强中的大型企业。每次和菲利普在一起时，他都在不停地看手机。平时，我会带着两部手机，一部用来开视频会议，另一部在视频会议时收发信息。和菲利普比起来，我简直是小巫见大巫。

有一次，我半开玩笑半好奇地问他："如果一直盯着手机，你怎么做别的事呢？"他把目光从手机屏幕上移开，笑着对我说："说到客户和同事的投入度和满意度，手机是人类发明的最简便、最好的工具。"他举起手机："这是我工作中最重要的部分。无论要开多少会，无论待办清单有多长，我总会雷打不动地发出鼓励的信息。这已经成了我每天的仪式。"

菲利普的"鼓励仪式"包括打电话、发信息，或者发电子邮件。他的鼓励名单上大约有100人，这些人一直在轮换，其中，既包括他的客户，也包括他的同事。菲利普会定期向他们发出一连串振奋人心的信息，为他们加油喝彩。

在菲利普看来，在这个动荡不安、充满不确定性的世界里，他是在为自己的团队和客户送去急需的鼓励和支持。他说：“一定要把活力水平保持在高位，让每个人充满动力。”他认为，在面对更新、更大、更强的竞争对手时，团队成员重新塑造并打响了品牌，这已经是极不容易的工作了。“能做到这个程度，他们已经非常了不起了，我的主要工作只有一个：保证团队的斗志和动力不断向上、向上、向上。”

“我们请客户重新思考上市战略。每个人完全聚焦于出现问题、需要修正的地方，专注于如何把工作做得更多、更快、更好，以及确认不停上涨的广告开支是否物有所值，等等。在高度紧张的环境中，他们一边承受着巨大的压力，一边疯狂加班。”菲利普说。

说起客户的工作和个人生活，菲利普就像一部百科全书。有时他会深挖客户的社交媒体账号，找到值得庆祝的特别之处——他们刚刚完成的一次旅行、生日聚会、公司新闻中的好消息等等。他真心实意地投入这项工作，同时，他要保证自己的鼓励话语永远是情真意切的。他说：“在祝贺人们取得成功时，我是真的很高兴、很兴奋。”菲利普每天都会给客户和同事打电话，这为他带来了真正的快乐，也让他受益匪浅——他每天同样充满了昂扬的斗志。

菲利普每天的鼓励仪式让我想起了我的私人导师肖诺。他会在某一天突然打来电话、发来邮件或信息，他的话语中充满了温暖的鼓励和赞扬。他把这种做法称为“爱的摩挲”。

肖诺的经典语音短信大概是这样的：“基思，我的哥们儿，你好吗？你那段关于共赢的TED演讲太棒了，我特别喜欢那段演讲。你为这个世界带来了很大的影响。我发现你最近在疯狂地出差。无论现在感觉如何，你都不要忘了你在改变世界。”如果我感到疲劳，或者正在机场转机，肖诺就像我的情绪按摩师，总会把我的情绪调整到我最需要的状态上去。

在赞美团队成员、为他们喝彩时，你要像阳光一样，直射到他们的灵魂深处。这是我的经验，它也得到了专门研究激励和组织行为的心理学者的支持。心理学家、作家丹·艾瑞里在他的畅销书《怪诞行为学》中指出，人们对赞扬的珍视程度甚至超过了金钱。艾瑞里的研究表明，从提高人们的工作效率和积极性的角度来说，即使是偶尔的赞扬也比现金奖励的影响更大。[1]

另一项研究发现，当执业医师接收到或者感受到积极情绪，也就是令人愉快的感觉或好心情时，他们在问题解决、决策和认知等方面的表现会明显提高。[2]

受到良好情绪影响的医生（即使只是收到最简单的小礼物，比如一小袋糖果）会比受到不良情绪影响的医生——以及根本没有受到情绪干预的医生——思维更灵活，能更快地做出准确的诊断。[3]研究者指出，积极情绪能够孕育思想的开放性、灵活性和充满创意的解决问题的办法。[4]

很久以前，我就发现了“正强化”的重要意义。在我的首部著作《别独自用餐》中，我赞美过它的种种益处。因此，在菲利普提起他的“鼓励仪式”时，我感到沮丧。我那时才意识到自己严重落后了，我已经很久没有鼓励圈子里的朋友们了。在过去的几年里，我在不知不觉间丢弃了这个好习惯：每当人们的生日从我的日历里“跳”出来时，我都会打电话给他们，为对方唱生日歌。

几年前，在一次和朋友的晚餐中，我和卢克坐对面。我们刚认识不久，当时他刚刚卖掉自己创办的第一家公司——无论对哪位创业者来说，这都算得上巨大的成就。我向卢克表示祝贺，称赞他把公司领上了轨道，开发了产品，成功地吸引了主流软件企业的注意力。

我对卢克说：“恭喜你，哥们儿！你在过去的8年里取得的成就是很多人梦寐以求的。”就在滔滔不绝地称赞卢克的坚持不懈、坚决果敢和足智多谋时，我瞥见了我的朋友托尼，他挤到卢克座位的旁边。托尼夸张地紧紧挨着卢克坐下来，直到和卢克平分了那把可怜的椅子。我大笑着问托尼，他到底在搞什么鬼花样。

托尼回答我：“没什么，我只是想尝尝被你夸奖的滋味。”大家齐声大笑，他拿我开玩笑的本领可真高明。这个玩笑非常幽默——但我不觉得好笑。作为朋友，托尼总是从我这里得到大量充满关怀的坦率意见和直接的指导。作为他的指导者，我经常直奔主题地向他提出批评意见，因为我希望每个人都能充分发挥自己的潜力。我把这看成令人兴奋的成长良机。但我对托尼的赞扬和鼓励少得可怜。托尼找到一种轻松幽默的方式提醒我，他多么渴望听到更多鼓励和赞扬的话。感谢你，托尼。我很久都不会忘记那一刻。

无论是在工作关系里，还是在私人关系中，我们都不知道自己看似不经意的几句表扬和赞美会给别人的生活带来多么重要的改变。非虚构作家迈克尔·刘易斯写过很多畅销作品，例如《弱点》和《点球成金》等。他在2005年接受采访时提到，他的高中棒球教练菲茨通过表达对他的信任，改变了他对自己的认识。

当时，一场比赛正在进行，得分圈里有人，菲茨教练决定换刘易斯上场投球。他对刘易斯说："换你上场投球，因为你是我最看好的投手。"刘易斯相信教练的话。他先是成功地牵制了三垒上的跑垒员，接着令对手三振出局，完美地结束了那局比赛。

刘易斯解释说，菲茨教练真正的天分表现在比赛之后。"他会在球场上创造类似的戏剧性时刻，让人感觉这些时刻极其重要。如果一切顺利，他会及时抓住它们，把它们变成塑造人们思想品质的重要时刻。那次比赛之后，他一边把我投过的球递给我，一边向全队宣布，我是那种在关键时刻表现出色的人，是有能力掌控高压环境的人。他还说，我就是他认为值得拥有这颗球的人。这些话都是他编出来的，但我拼尽全力想要成为他所说的那样的人。从那时起，我的行为发生了翻天覆地的变化。我甚至开始在课堂上认真听讲了。"

菲茨教练找到学校校长，讲述了刘易斯当天在场上的出色表现。他还告诉校长，学校可以趁热打铁培养刘易斯。校长把刘易斯叫到自己的办公室，对他说："我们希望看到你更多更好的表现。你知道吗？比利·菲茨杰拉德对你大加赞赏。"

刘易斯说："你也许不会把这些鸡毛蒜皮的小事放在心上，但我真的把那一刻看作生活的转折点，是那位教练精心安排了这一切。"[5]

菲茨教练把看似平常的一刻变成了充满意义的、史诗般的重要时刻。这一切也许只用了他10分钟的时间，但它带来的感受让迈克尔·刘易斯终生难忘。利用这样的10分钟，你我都能在任何时间为我们的团队成员和生活中的其他人做一些事情。这也是身为领导者的一种了不起的优势。它就像生活中的珍贵礼物，可惜我们过去分享得太少了。

原则6的实践方法

想加强关系、真正对同事表现出开放性，你可以尝试成为你熟悉和关心的人最重要的啦啦队队长，更多地为他们加油喝彩。每天花些时间，把批判性思维放在一边——哪怕几分钟也可以，专门感谢人们给予你的友谊，感谢他们付出的精力、辛勤的工作和为你的生活带来的意义。每个人内心深处都渴望这样的感谢。

在褒奖和赞美他人时，留意一下自己的感受，你会发现你的斗志同样得到了提升。你可能会发现，在陷入恐慌和沮丧时，摆脱它的最好办法就是给别人发上几条赞美和感谢的消息。我想起了菲利普和肖诺，之所以成为赞美他人的人，是因为他们天生就是快乐的人吗？还是因为成为赞美者，所以他们才快乐？

只要稍加留意，你就会发现，称赞他人、为他人欢呼喝彩同样可以加强你和团队成员之间的关系，你很快就会形成习惯。下面是几条我总结的建议，它们会很有帮助。

个人化，实时化

看到团队成员某项工作做得好，无论大小，都要给予认可。任何形式的称赞都好过没有称赞。如果有可能，要把赞美同具体的行为和做法联系起来，做到言之有物。

如果恰好碰到某位团队成员正确地完成了一项工作，你不仅要认可其行为，还要说出你的感受。我办公室的香农发了一封跟进工作的电子邮件，复述了我在电话交谈中提出的几项要点。我会告诉香农对此我是多么感谢。我对她说："谢谢你，邮件收悉。你真是个值得信赖的人。你不会让任何一件工作出现纰漏。对此我感激不尽，谢谢你！"

贾伦在一家硅谷大型初创企业担任人事主管。他会在几乎所有的工作中依赖这种言之有物、即刻回复的积极反馈。它的关键在于，巩固积极的行为。贾伦说："人们通常不会意识到自己做得有多好。如果我们太过害羞，不肯告诉他们哪里做得好、如何好，他们又怎么会知道继续做出上佳的表现呢？"

在一次自驱型团队会议结束时，贾伦请大家稍等一下。他花了几分钟赞扬会议的主持人——一位比他的级别低几级的同事——善于听取和提出建议，并在整个过程中不断地提出问题，鼓励人们交换看法。贾伦说："我认为有必要提醒大家一句，这正是我们将来在处理类似问题时的正确做法。我们每个人都要面对挑战，找到最恰当、最大胆的答案。"

别忘了白金法则

还记得白金法则吗？它是指，只用他人期待的方式对待他们。公开的赞许固然很好，但并非每个人都对此感到惬意。因此，要多了解你的团队成员，用你了解到的、他们最喜欢的方式赞美他们，为他们欢呼喝彩。

赞美的力量和效果绝大部分来自人们的感受。人们会因此感觉自己受到了重视，收获了感激。然而，每个工作场所都有内向的人，如果在大会上大肆宣传他们的成绩，他们反而感到痛苦和难堪。要做个细心人，要认识到也许最适合他们的是一张手写的卡片或者一封饱含感激之情的电子邮件。如果我们能通过人们感觉最舒服的方式表达赞美，他们就会知道，我们真正懂得他们，真心感激他们。

还有很多例子可以说明个性化赞美的积极作用。我有时会打电话给团队成员的父母，向他们致以问候，感谢他们养育了如此出色的子女。有一位叫弗兰克的同事，我曾经给他父亲语音留言，告诉他弗兰克在过去一年里表现卓越，他应该为弗兰克感到骄傲。几年后，弗兰克告诉我，他父亲在有生之年一直保存着那条语音留言。

勇于赞美不完美

当遇到困难时，如果不能让团队成员看到希望的曙光，他们就无法进步。当团队挑战特别困难的任务时，或者当人们遇到极其艰难的情况时，我们就需要发出自己的赞美，即使他们的业绩不够完美、成绩算不上理想。有句老话说得好，如果正在走过炼狱，你就要继续走下去，不要停。而赞美和喝彩正是继续前进的动力，它能让我们恢复力气，支持、帮助我们在极端的困难中奋勇向前。

马蒂是一位首席执行官，我和他合作过几个月。当时，马蒂想要解雇他的战略部门负责人贾斯明。马蒂觉得贾斯明对他的指令反应迟钝，行动过于迟缓。马蒂想要立刻的确切的答复，贾斯明偏要先搜集完整的市场数据，再给出结论。很多人劝马蒂，试图让他认识到贾斯明是他鲁莽的领导风格的绝佳平衡。贾斯明的深度分析多次挽救了马蒂，让他避免犯下可能耗光公司所有收益的严重失误，但是马蒂从未对贾斯明说过一个谢字。

最后，我有些恼怒地对马蒂说：“别再这么折磨别人了。要么赞美她的成功、为她喝彩，扭转你在她心目中的坏印象，要么干脆放人家走。”我想让马蒂承认，他这样做只是为了证明自己永远是对的，他这是在纵容自己的错误需求。如果真想提高贾斯明的工作业绩，他就应该在贾斯明做好工作时赞美她。

马蒂同意试一次。当贾斯明的工作中出现马蒂不喜欢的情况时，他不再提出批评，相反，他开始承认贾斯明所做的一切，他认为这些都是为公司的使命服务的。如果贾斯明有一点儿提高，即使对此并不完全满意，马蒂也会称赞贾斯明。我很高兴地看到，在一次会议散场时，马蒂特意走到贾斯明身边，称赞她在业务中非比寻常的直觉，感谢她对自己和团队成员的信任。马蒂花了一段时间才意识到：如果不去鼓励和赞美那些业绩平平的员工，就只会让他们的业绩变得更糟糕。

总体来看，认可他人不会让你付出任何代价。但它能在投入度、工作效率和积极性方面带来指数级的回报，也有机会建立更强大的忠诚与信任关系。

年轻员工经常会表达他们想在工作中发现意义和目标的愿望。因此，要认可他们的成功，确定无疑地告诉他们，他们的贡献非常重要。要想留住顶尖人才，这样的做法是必不可少的。一项全球范围的研究发现，79% 的离职者声称，“得不到认可”是他们选择离开的最大原因。[6] 千禧一代尤其如此。实践证明，在面对缺乏认可的消极工作环境和职场文化时，千禧一代的容忍度远远低于上几代人。他们希望自己的努力得到认可，渴望自我实现，期待一展自身的才能，他们希望自己不被淘汰。如果你的公司不认可他们的贡献，他们就会跳槽到更懂得欣赏他们的公司。

我听过老派管理者因此嘲笑年轻员工。我的看法是：想开点儿吧！如果喝彩和赞美能够支持、帮助我们恢复精力，我愿意给每个人发一枚勋章。千禧一代是当下职场的主力军，为他们每个人献上赞美、勋章或者小红花，总比所有顶尖人才弃我们而去、留下我们苦苦扭转颓势要好得多，也省钱得多。坦白地讲，千禧一代需要认可是一种普遍现象，这不是一家组织需要面对的新课题。老派管理者也许不愿意承认这一点，但是，即使是比较资深的员工，也渴望时不时收到上司真心实意的慰问。他们和千禧一代唯一的不同，也许是早在很久以前就放弃了获得认可的念头。

人们对“正强化”的需求确实是普遍存在的。这一需求甚至会超越物种。我们绿讯的研究团队不畏艰险，跋山涉水，带回了各种实用的创意。我曾经有幸采访一位驯兽师，他在纪录片《黑鲸》中出过镜，那是一部关于海洋世界虎鲸的纪录片。他说，为了训练虎鲸，你必须几乎完全使用“正强化”的方法，“如果你整天用棍棒殴打它们，它们早晚会吃了你”。

我们是一家以结果为导向的、高绩效的企业。为客户创造价值是我们成功的基石。所以，花时间庆祝成功，赞美团队成员的贡献，成了我们极为重要的工作。这就是我们保持共赢关系，排成阵列并肩高飞的方法。

托尼·贝茨　　Genesys 公司首席执行官

为每一次小胜利喝彩

通过对较小成功的认可，我们可以为更大、更持久的成功树立典范。通用汽车的例子就说明了赞美胜利势头的巨大价值。通用汽车对向“可信顾问”模式的转变产生了巨大的热情，它的方法是庆祝每一次微小的成功，每次聚焦于一种共赢伙伴关系。随着“可信顾问”和经销商对彼此最佳实践的复制，经销商的工作业绩不断增长。从那时起，传染效应确保了“可信顾问”项目作为一项运动将形成燎原之势。

假如“可信顾问”项目从一开始就作为一种“一个模子刻出来”的方案自上而下地在全美推行，结果可能会好坏参半，也会更加平庸。由 50 家实施了“可信顾问”项目的经销商组成的先锋团队也不可能获得如此多的关注，并成为创新实验室。如果没有微小成功带来的动能，这个项目可能早在最佳实践形成、发展、得到赞美之前就已经无疾而终了。

我过去不太相信微小成功的力量。我会把赞美和庆祝留给“巨大成功”，比如，赢得一个大客户，某位首席执行官公开赞赏我们的咨询工作带来了公司股价的上涨，重要研究报告在《哈佛商业评论》上发表，我们的著作登上了《纽约时报》畅销书榜单，等等。但是，这样的巨大成功并不会每天发生，如果只褒奖重大胜利，团队就很难始终保持高昂的斗志。

如今，我意识到，重大胜利不过是一路上无数小胜利的副产品，每一个小胜利都值得庆祝。它为我带来了一套全新的工具，让我的生活提高了效率。我发现，精准地跟踪团队做得正确的事情，可以极大地提高工作业绩和效率。当然，我们依然需要发现并解决问题。只不过，我们不会把它当成唯一的焦点。你会发现，赞扬人们正确完成某项工作会让他们更有活力，他们会更积极地改正过去做错的地方。

我那个年龄小一点儿的养子是学校里出了名的坏学生。事实证明，庆祝他取得的微小成功为我们带来了转机。刚到我家时，他是个极其无礼、爱搞破坏、不听话的孩子。凡是你能想到的方面，他都表现得一塌糊涂。他完全无法融入学校的生活。我先是把他送到一家天主教私立学校，结果他被退学了。我又把他送到一家私立专业学校，同样的情况再次上演。

我想替他解决一切问题，但我不能这样做。在某个时刻，我发现自己需要做的是发现孩子的成功之处，让更多的人知道这一点。如果他能把自己看作成功者，如果他有个值得骄傲自豪的闪光点，也许他的生活就会出现转折，他会渴望下一次微小的成功，然后是再下一次。

有一天下午，他和朋友看完电影，我开车送他们回家。这时，他们在后排开始了即兴说唱。那是我第一次听他说唱。他唱得太好了！第二天，我试着在他的说唱才华上大做文章，尽可能多地积极鼓励他。他有些不好意思，没有接受我的赞美，他说我在拿他开玩笑。

我对他说："我真的认为你非常棒，我真为你感到高兴。你随随便便就能拿到昨天车里的即兴说唱冠军。"接下来，他没有说太多，我也没有说太多，我们的对话留下了一个积极正向的"尾巴"。等到下一次他和朋友们坐在后座上唱歌时，我按下了手机上的录音键。一回到家里，我就对他说："听听这个吧，你自己听听唱得有多棒。"他一边听着，一边凑近我的手机，微笑起来。

这个孩子那时候很少笑，但是，在那一刻，他脸上现出了自豪的光芒。无论多么稍纵即逝，这都是一次重大的突破。

我们手忙脚乱地开始录制、修改、重录，忙了差不多一个小时。他一直咧着嘴开心地笑着，虽然不愿意承认，但他始终盼望着我的鼓励和建议。我同样热切地想要给他鼓励和建议。那次"即兴演唱会"之后，我假装若无其事地告诉他，如果他想学，我可以为他请一位说唱老师。他一口答应了。我赶忙趁热打铁，托音乐圈里的朋友帮忙物色了一位刚刚出道的年轻音乐人，而且这位老师愿意义务辅导青少年。后来，我还和这位老师合作发起了一个名为“生活的忠告”的项目，挂靠在我们的 Greenlight Giving 基金会下运行。这个项目旨在帮助收养儿童通过说唱唱出自己的故事——是满怀骄傲而不是满腹凄楚地唱。

对这个孩子来说，当时他大部分的生活是灰暗无光的，但是我们找到了一个可以让他发光发热的点，找到了一件我们可以共同庆祝的事。我不断地给他鼓励、给他“正强化”，他的自尊心日渐增长，我们的关系也一天比一天好起来。这件事帮我打破了一贯的唠叨、严格的权威形象。我们突破了原本持续不断的对抗，我看到他在音乐里恢复了生机，我们的关系也得到了极大的改善。

他的语文家庭作业一直不合格。我联系了他的语文老师，请求把他的家庭作业换成口语诗。老师同意了。结果，他对学校的兴趣提高了，几个学期后，他进入了优等生行列。原来，我们只是需要帮他找到一个取得成功的切入点。对我来说，我要做的就是突出强调他已经做得很好的地方，增强他的动能，帮助他把成功从一个点扩展到生活的其他点上去。

LHH 的团队指导方法注重对特有人才和工作方法的认可和培养，以此提高整个团队的工作质量和工作效率。为了让团队更有动力，更积极主动地完成工作目标，我们必须想方设法赞美和表扬人们的积极行为，庆祝他们一点一滴的成就。我们公开表扬团队成员的贡献和成绩，这无疑帮助团队树立了更高的使命感，让团队成员形成了更加紧密的关系。

兰吉特·德索萨

LHH 公司
总裁

做一个真心的赞美者

我的朋友罗伊是一位成功的生物技术专家，也是一位成功的创业家。我一直把他当成叔叔。我从未听他说过任何人的一句坏话。他永远在讲积极的、充满关怀的话语。

当介绍一个人时，罗伊总是会大加赞赏，使用大量的赞美之词。我听过他这样介绍我："聪明睿智，行为工程学创立者，成功地帮助全球最大企业完成转型，顶级人才，绝对可以帮你改变人生。"我只能说，罗伊过奖了。

虽然这让人有些难堪，但是，罗伊会夸奖每一个人。他的个人形象和这种极富感染力、热情洋溢的赞赏紧密联系在一起。人们都喜欢和他相处，不由自主地相信他，即使他的热情有时让人感觉有些夸张。

我也尝试过采用罗伊的风格，为自己在工作中树立赞美者的形象。在绿讯，我不得不惭愧地承认，我是个工作狂，总想全神贯注地完成更多工作，达成整个团队的使命。我头脑中的批判性评价总是不由自主地冒出来——还有哪些工作没有落实，这些工作本来可以怎样，我们可能在哪些地方落后于人了，等等。

这在很大程度上与我的童年经历有关。父母为我灌输了强烈的进取心，凡事必须做到最好，要脱颖而出，只有这样才能过上比别人好的生活。他们对我寄予厚望，并且严格地督促我。因此，只要没有达到目标，我就会特别严厉地苛责自己。我担心会让父母失望，我害怕辜负他们对我的殷切期望。

这让我养成了一生的思维习惯，它在早期为我带来了极大的好处。但是，在成为领导者之后，我不得不努力改掉这种习惯。我把绿讯的使命看得很重，所以会近乎偏执地看待工作中的失误。我看得出，人们可以怎样提升他们的工作，可以在哪里取得更大的进步，所以我会毫不犹豫地告诉他们。有些人接受了我的建议，但没有很快做到，或者不如我期待的那样快，我也会明确地指出来。我相信每一条批评意见对员工都是极为有利的，是为他们好。但是，我得到的反馈意见告诉我，事实并非如此。

批评只完成了指导工作的一半，另一半是赞赏。我们公开表扬他人，会为我们树立共赢者的形象，吸引更多人加入我们，更好地完成共同使命。

找 5 位最近帮你完成共同使命的团队成员，无论是长期项目还是短期项目都可以，发信息给他们，告诉他们，你一直想着他们，希望他们知道你有多感谢他们。不需要写太多文字，最重要的是真心实意，一定要真情流露。表达真情实感，看他们有何反应。

全然地支持

有些人需要我们更多地相信他们的能力，甚至超过他们自己愿意做到或者能够做到的程度。出于各种各样的原因，有些人就是做不到高看自己，他们需要我们的支持。有位朋友把这种做法称为“全然地支持”。

指导一支团队，改变团队成员的行为，这通常是件苦差事。很多人根本不相信人会改变，更别提革命性改变了。他们承认也许可以影响少数人，但要影响成百上千的人？趁早别做梦了！谈到改变价值观、工作原则和态度，重塑工作环境，他们更是看不到半点儿可能性。

在这些情况下，我会“全然地支持”。我会提醒人们，他们对变革和转型并不陌生。我会请他们回忆过去参与的、成功的变革项目。年纪稍长的员工会想起六西格玛的故事，那是一场兴起于20世纪80年代的质量运动，或者距离现在稍近些的工作安全标准变革。他们会承认，一开始，这些变革似乎是不可能发生的。他们会讲述这些变革如何彻底改变了他们的工作，如何在人们多年的努力和勤奋下变成了新标准。我有时还会提醒人们回想一下这些年吸烟法规的变化。30年前，人们可以在火车和飞机的吸烟区吞云吐雾，可以在餐厅和办公室里吸烟。当时几乎没人能想到，如今的吸烟文化会发生如此翻天覆地的改变。

我还会请高管们讲讲他们有幸参与过的高绩效团队的故事。“你的团队有哪些表现？你们必须克服的最大困难是什么？你们是怎样克服那些困难的？”这样能帮助他们回想起曾经的坚忍不拔。他们会想起帮助他们取得成功的一切——也许是和一度合不来的人合作，也许是朝着出人意料的方向做出迅速转型，也许是带领团队勇往直前地杀入未知领域。

他们需要做的——同时也是你我都需要做到的——是认清自己克服过怎样的困难，如何庆祝这些胜利，以及认清接下来自己能够取得怎样的成果。复盘当年的胜利，把它们投射到未来，照亮未来。认识和赞美过去的成就，可以为更多的可能性打开大门。接下来，把这种满怀希望的精神分享给团队成员。请他们在情绪低落、迷茫或者压力重重时找回过往的胜利和成功，赞美它们，激励自己。这样做不仅能在短时间内提高团队的业绩，还能让他们更有动力，更受鼓舞，满怀力量地直面下一个他们曾经认为超出自己能力范围的挑战。

我就是这样说服利亚姆全身心投入新项目、与新客户共事的。利亚姆是我们绿讯的一位前同事，曾经作为项目负责人帮助我们最大的客户完成了业界闻名的重大转型。但是，随着那个项目的结束，他开始对下一项工作犹豫起来。利亚姆告诉我，在成功搞定那个大客户的项目之后，他发现他害怕那些在不熟悉的行业里同时应对多个新客户的项目，因为失败的风险太高了。他想知道："如果失败了怎么办？我保得住自己的工作吗？"我是在邀请他完成一次巨大的飞跃，可是他觉得没有安全感。

如果我什么都不做，只是简单粗暴地派利亚姆去做这些项目，我相信他一定会失败。我希望他能完全投入新的角色，对新的工作任务感到兴奋。我向他保证："你想要的一切都是触手可及的。你需要做的就是向前一步。”激发最佳业绩和积极性的唯一方法就是，站在他认为不可理喻的立场上，帮助他把过去的成功和现在的目标联系起来。

在三顿晚饭和大量的鼓励之后，利亚姆接受了这个机会，结果大获成功。他同时领导多支团队，把绿讯的方法传授给多家大型组织，帮助它们扩大了销售渠道，实现了数十亿美元的增长。

我给“希望”下的定义是：认为事情会变得更好，以及我们能让事情变得更好的信念。它决定了工作效率的约14%。[7] 想要送给别人礼物，没有什么比“希望”更合适了。帮助人们用全新的眼光认识自己，认清自身的能力，相当于提醒他们，你已经准备好了，可以面对前方的任何挑战。

我的姐姐卡伦被癌症夺去了生命，我非常担心母亲会因此把自己关在匹兹堡的家里。她开始抱怨自己行动不便，她准备放弃佛罗里达之旅——每年冬天，我都会带她去佛罗里达度假，躲避匹兹堡的寒冷。她年轻时非常喜爱匹兹堡的冬天。

我全然地支持母亲和她的行动。我告诉她，我希望她能享受佛罗里达之旅。我答应她，如果她能把身体锻炼好，我还会陪她乘游轮去阿拉斯加旅游。我请了一位训练师，每个星期到母亲家里帮她做两次训练。短短几个星期，母亲取得了极大的进步，她和训练师还发了视频给我。我把这段视频发到了 Instagram（一款社交应用）上，这样一来，她的朋友就可以为她取得的成就喝彩，分享她的成功，帮助她重新燃起希望的火种。这种全然支持成功了，我们正在计划阿拉斯加的游轮之旅。

在担任创始人和首席执行官的几十年里，我几乎本能地运用过很多共赢原则，尤其是赞美和喝彩的原则。我发现，在推特和 Instagram 上感谢人们出色地完成工作，能够带来善意和友好的飞轮效应。公开赞美能让团队成员感到振奋，与此同时，社交媒体上的粉丝看到我们对团队深表谢意，他们会对我们的企业形成更加积极正面的印象。

斯宾塞·拉斯科夫

Zillow 集团前首席执行官

感恩

只要用心寻找，我们就能找到值得庆贺的事物。在困难的日子里，或者当感觉找不到值得庆贺的对象时，你可以发挥感恩之心的力量。养成习惯，多问问自己："今天有什么值得感激的事？在我的团队成员、我的客户和我的工作中，有什么值得我感谢的人和事？"

多留心值得感激的事物，这有利于形成积极正向的心智模型。研究表明,感恩的益处远远超出我们的想象。它能改善我们的健康状况，让我们变得更快乐。改善各种关系，还能提高我们的警觉性、果断性和自尊心。[8]

除此之外，表达感恩之情还能把这些益处扩展到他人身上，让更多的人受益。快速表达感激的方法可以很简单："感谢你如此迅速地回复我的邮件。大多数人会在几天之后回复，最快也要几个小时。你让我感觉自己很重要。”没有比重提一次过去的人情并表示感谢更容易做到了：“我想起那天你＿＿＿＿＿＿（请填空）。这真是帮了我一个大忙！我会永远铭记在心。”

这种感激的提示能帮助我更好地了解我最欣赏的团队成员，甚至是那些最喜欢挑战我的人。我意识到我是如此珍视团队成员不带成见的倾听能力和他们的忠诚。当我们的意见出现分歧时，他们从不轻易妥协，却也不失尊重。他们能减轻我的负面情绪，让我对未来更加积极乐观，更有信心。我始终对那些愿意挑战我的想法、让我充满责任感的人心存感激。

日复一日，问题和抱怨不断占据着我们的注意力。如果能暂时放下这些问题，飞快地写上一两张感谢的字条，你会发现自己振奋起来了，有了更多的精力去面对最紧迫的问题。

感激失误和挫败

我的朋友菲利普依然每天向同事和客户发着鼓励的话语，因为变革工作充满了困难和挫败。单纯地赞美同事的成就、庆祝他们的特别时刻已经不够了，我们还必须歌颂人们的失误，是的，甚至要歌颂失败。

可口可乐公司前董事长兼首席执行官穆泰康在2008年的一次演讲中提出：“要庆祝失败，而不是赞美成功。如果说我在36年的职业生涯中做过什么不一样的事，那就是营造了允许失败的环境，因为包括你我在内的每个人都是从失败中不断学习的。我们都不够勇敢，不敢冒太多的风险，但是，风险是决定成功的关键。我们犯的错误不是太多了，而是太少了。”[9]

冒险和创新是变革的两把钥匙。但是，专家估计，有90%的创新型项目是以失败收场的。亚马逊公司首席执行官杰夫·贝索斯在2014年指出：“作为亚马逊公司的领导者，我的一项工作是鼓励人们变得大胆一些。但是，让人们大胆冒险太难了……（如果）你要的是大胆的冒险，他们就成了试验品。如果他们是试验品，你就无法提前知道一切是否行得通。就其本质而言，试验更容易失败。但是，几次大的成功足以弥补几十次失败。”[10]

亚马逊公司歌颂失败，贝索斯为此树立了好榜样。他说：“如果把我在亚马逊经历过的失败加起来，大约价值几十亿美元——几十亿美元的真金白银。但这算不上什么。真正要命的是，有些公司根本不会持续地做试验，也不敢拥抱失败。这些公司只会在濒临绝境时放手一搏。生存还是毁灭，在此一举。”[11]

成功的创新同样受益于过程中的种种失误和挫败。全球最畅销的润滑喷剂名叫WD-40，因为发明者的前39次尝试都失败了。[12]这家公司歌颂自己的失败，甚至把失败放到公司的名字里，难怪WD-40的公司文化非常推崇失误与挫败。

这家公司的员工被告知：“在WD-40公司，当出现问题时，我们不会称它们为‘失误’，我们会称它们为‘学习的良机’。我们欢迎这样的良机，我们会开诚布公地讨论、学习、修正，并不断成长，我们还会和别人分享这些学习良机，以免别人重蹈覆辙。”[13]

研究失败的专家指出，赞美失败能带来的最显而易见的益处是学习，但这只能发生在人们诚实地研究、讨论失败的前提下。有一种广受赞誉的学习模式值得参考，那就是军队里的“复盘”。参与行动的每个人仔细讨论原本的目标，实际发生的情况，出现的问题，哪里做得对，为什么，等等。

“复盘”要求每个人放下自大、戒心和相互指责，只有这样才能获得应有的效果。歌颂人们尝试新鲜事物的勇气，能带给团队成员心理安全感，坦诚直率地表达自己对每个人的表现的看法。真正带给人们学习的勇气、鼓励人们从头再来的是鼓励和赞美，而不是谴责和非难。

歌颂失败还有一个不可不提的益处：它消除了耻辱感，帮助我们更加清楚地看到哪里出了问题，而不是逼着难堪的团队成员绕着自己的错误打转儿，甚至把问题隐瞒起来。

美国太空项目之父沃纳·冯·布劳恩深谙这个道理。1954 年，在一次失败的火箭发射之后，布劳恩团队的每个人对失败的原因都大惑不解。他们怀疑是某个零部件出了问题，准备动手排查。这时，一位负责发射前准备的工程师站了出来。他告诉布劳恩，发射之前，在加固火箭引擎的某处连接时，他看到了火花。他觉得那不是问题，所以没有告诉任何人。结果证明，那正是发射失败的原因。这让布劳恩团队节约了好几个小时，免于排查那些没有问题的零部件。布劳恩表扬了这位工程师的错误，称赞了他的诚实，还送了他一瓶香槟。

布劳恩说:“面对火箭开发这种难度极高的团队任务，我们绝对离不开诚实。”[14]

无论放在今天的哪个行业，布劳恩的这一认识都非常有效。身处颠覆性变革的大潮中，每一支转型团队都要在工作中面对各种各样的困难和不确定性，这和1954年的太空项目没有什么区别。每家企业都有自己“登月”式的重大项目，团队中的每个人都会为此倾尽才华和能力，夜以继日地辛勤工作。

如果希望同事积极主动地完成工作，如果希望大家相互激励和鼓劲儿，我们就需要努力寻找赞美、表扬和喝彩，无论何时何地。

我们赞美什么，人们就会立志实现什么。我们为什么而喝彩，就会得到什么。

原则 7
持续打造共赢团队

想要领导团队，就必须提醒每一位成员：个人能力的最大化不是一个人的事，而是每个人的责任。这意味着支持彼此的优势，帮扶彼此的弱项。旧有的模式——由英雄式的领导发号施令——从来都是不大现实的，如今更是陈腐落后了。团队必须为团队服务，领导者的职责是帮助团队实现共赢。

鲍勃·卡里根

Audible 公司
首席执行官

有一天，一位在电视台工作的朋友打电话给我，这家电视台最成功的一档节目出现了严重的人事问题。当时，电视台高管正在为是否取消这档节目争论不休，因为主演的种种行为引发了投诉。这位朋友告诉我，人们投诉主演“高高在上、盛气凌人、行为粗鄙”。片场的秩序几近瘫痪，优秀的人才扬言退出，甚至传出了有关诉讼的小道消息。她说，尽管这档节目的收视率居高不下，但是电视台的高管仍然有可能将其停播。

她问我：“你愿意为这位主演提供指导吗？我不确定你有没有兴趣，但是，这的确事关重大。”她向我解释说，这档节目的制作季刚刚结束，续约的决定会在接下来的几个月里做出。

我一直认为，只有团队指导才能带来重要的、可持续的成果，所以我很少进行一对一的指导。但是这件事不大可能进行团队指导，因为节目的制作季已经结束了。考虑到这一情况，我想出了一种截然不同的办法。也许可以鼓励这位主演在现场组织一支共赢团队，帮她改变自己的行为。如果这个办法行得通，团队成员就可以在片场里相互指导。如此一来，整个剧组就会变成一个由共赢者组成的团队。

我同意和这位主演共进晚餐，我姑且称她为 AJ 吧。我的朋友提醒我，AJ“极度认真、目标笃定，完全献身于艺术”。我觉得这可以成为我的切入点。也许我可以挑战一下 AJ，引导她把一部分认真和专注转移到整个片场，建立积极向上、共赢的文化。

一个星期后，我提前抵达那家位于布伦特伍德的餐厅。AJ 已经在那里等我了，她坐在一张桌子后面读着剧本。寒暄过后，我惊讶地发现，她居然研究过我的背景，对我的工作颇为熟悉。这么多年来，我接待过很多别人介绍来的客户，没有人在初次见面时准备得比 AJ 更充分了。

谈话过后，我清楚地认识到，AJ 是个傲气十足的完美主义者，她对自己要求极高，因此，她看不上任何达不到她标准的人。在剧组拍摄的日子里，每天收工之后，大家都会出去吃晚饭，只有 AJ 留在片场背诵第二天的台词。她告诉我，和剧组其他人的社交对她来说意义不大。她向我解释：“我在这一行的日子太久了。我个人投入这档节目的精力直接关系到它的成败。”

AJ说，她对自己的角色和在节目里创造的一切有着独到的艺术眼光。在她看来，片场里的所有问题都是别人造成的：不做准备就上台的演出搭档、看重预算多过品质的制片人、忘恩负义的电视台领导——尽管她为节目收视率做出了非凡的贡献，但是电视台领导从未给过她应有的支持。

作为主演，AJ成就了这档节目，这一点没错。但是，在整件事情中，领导力需要超越她的演技。她必须肩负起责任，让剧组充满凝聚力，这同样关系到节目的质量。和很多领导者一样，AJ低估了团队成员敬业精神的重要意义。

我和许多有这个问题的人合作过。他们都是奋发努力、自我鞭策、成绩斐然的成功人士，任何不如他们努力的人都会遭到他们的鄙视。AJ会在片场里公开谴责她认为达不到标准的工作，完全无视演职人员可能会认为她的评价与事实不符、伤人自尊，甚至是一种恃强凌弱。她对我说，如果非说她有什么错，那就是她太在乎别人了。

但是AJ也知道，我们共进晚餐的原因只有一个：节目面临被停播的危险，危机迫在眉睫。我对她说："我只问一个问题，许多演职人员在片场过得并不愉快，电视台可能会砍掉你的节目。目前唯一重要的问题是：为了挽救这档节目，你是否愿意付出一切？"

AJ认为，她已经负起应有的职责，完成了节目播出需要的成片。如今，我要求她担负起另一项职责——改善节目制作环境的状况。作为自驱型领导者，AJ需要肩负起在片场建立共赢文化这一新使命。

AJ毫不犹豫地同意试一试。她在表态时带着一种非常真切的坚定和热情。我认为，AJ 之所以愿意尝试，是因为她面对着灾难性的后果和失去一档成功节目的可能性。而这一切都是她的行为造成的。

我首先对她说明一点：她需要做出的最重要的一件事是停止伤害。她必须成为剧组其他人良好行为的楷模。这意味着，她必须放下自己的怨气，放下自己永远正确的执念，控制自己在片场里的所有恼怒、不满和指责。

我提醒她："你是领导者。"她必须认识到，她对片场中每个人的精神状态和工作积极性负有责任。我请她想象一下，假如每个人的脑门儿上都有一个刻度盘，控制着每个人的正能量或负能量。只有她拥有超能力，能够拨动上面的指针，调整每个人的能量。而她的超能力就是她的情绪状态、肢体语言和对他人的评价。通过和片场里每个人的互动，她可以选择调高或调低——她应该责无旁贷地调高——每个人的正能量。

她把这看成极大的难题，我很同意这一点。她确实需要支持，但不是我的支持，我不可能站在现场指导她。AJ 必须和组剧里的其他人共赢，邀请他们支持她，帮助她打破过去的行为模式。他们还要一起招募更多的演职人员，加入这一共同使命，一起创造相互扶持、共赢的片场文化。

我把这种做法叫"大家帮助大家"。当刚开始发挥自驱型领导力时，我们都要问"我的团队里有谁"这个问题，然后招募人员来支持这支团队。我们会逐渐获得人们的准许，与他们共同发展。一开始是逐个进行，但很快我们就可以发挥更多团队成员的力量，完成各种共同使命。

在前进的过程中，自驱型领导力需要我们把共赢的承诺灌输到每个团队成员的心里。我们希望他们发起属于自己的共赢关系，最终和我们一道分担使命、推进共赢文化的建立。我们还要启发人们，不要把目光局限在某一个团队的范围内，要打造属于自己的共赢团队，发挥团队以外的人的力量，甚至发挥素不相识的人的力量。

这些团队共同组成了一个群落，它由职场人士组成。人们使用同样的、自驱型领导的语言，在组织文化中催生出更加广泛的变革。在运用群体的力量为群体谋福利的过程中，群体队伍会日益壮大，群体的能力范围会日益扩展。不仅如此，在恰当的时机，共赢关系还会像燎原之火一样迅速蔓延开来。

这正是我希望在 AJ 身上和 AJ 的节目中看到的。我和她从一张名单做起。这张名单列的是 AJ 在片场里最信任和最关心这档节目的人。作为最有可能的人选，他们不仅同意帮助 AJ 改善行为，而且愿意改善整个工作环境。一开始，我请 AJ 说出一位她最信任的人，这个人最好能和其他演职人员建立联系。我希望 AJ 已经和某个人建立了心理安全关系，片场里已经有一位 AJ 愿意倾听的人了。这个人必须拥有必要的勇气与 AJ 合作，改变她对待他人的行为。当 AJ 行为失当时，他会立即提出坦诚的意见。

AJ 立即说出了一位年轻演员的名字——米格尔。AJ 非常喜欢和尊重米格尔。一个星期后，我们仨在布伦特伍德的同一家餐厅见了面。我向他们解释说，他们在片场里的新职责是成为共赢者，为他人服务。他们首先要相互扶持，然后和团队里的其他人建立共赢关系。

我并不希望他们感到挽救这档节目是一件苦差事，就像挖一条壕沟那样累人。恰恰相反，我帮他们找到了共同的使命。我为他们竖起了指路的灯塔，一个强有力的、大胆的目标——创造前所未有的片场文化，成为行业第一。片场里的每个人都会相互支持，在这里收获职业发展和个人成长——远远大于其他项目所能带来的发展和成长。这一职场文化将被载入好莱坞的史册。

AJ 和米格尔思考了此事的可能性，他们首先想到了一些演职人员，他们非常肯定，这些人不会赞同这个想法，他们甚至怀疑有些演职人员会试图阻挠和破坏这个想法。

我对 AJ 和米格尔说："你们当然会遇到阻力。我并不关心那些唱反调的人。"我解释说，初始阶段最重要的工作是形成一个精干的、能够合作的核心团体，开启共赢关系。"先讨论谁能成为下一位合作伙伴，再操心反对者也不迟。"我问他们，能不能想到谁是心态开放、耐心十足、随时可以站出来帮助他们拯救节目的人?

米格尔提到了温迪，一位与他交情深厚的制片人。一个星期后，我们四个人共进晚餐。于是，AJ、米格尔和温迪组成了核心小组，他们会在片场里领导一场文化变革。

那次晚餐之前，我提醒 AJ 压制任何可能的消极言论，并要求米格尔和温迪聚焦于共同使命。在晚餐的前半个小时，事情进展得非常顺利，直到温迪开始提到她认为可能会妨碍他们工作的人。

AJ 说："好，我们先来约法三章。"她开始了一种再缔约式的对话，以确定三人合作的边界。“这和旁人没关系。至少现在还没什么关系。这事全凭我们自己。它意味着我们对这档节目的投入，也是我们作为领导者的可靠性的体现。我们以什么样的面貌出现在片场、我们如何在片场里行事，这决定了其他人如何理解此事。我们邀请其他人的行动和努力会决定他们是否加入我们。因此，让我们先把注意力集中在自己身上。”

我简直想不出该怎样称赞她。任何变革都是从寻求机会开始的，而不是寻找障碍，制造隔阂。我建议他们事先约定：永远不要在背后谈论其他演职人员的是非，除非这种议论是为了当事人的成长和发展，并且，在事后直接和当事人沟通交流。如果在片场中出现任何问题，我请他们保证放弃爱抱怨的旧习，与最适合解决问题的人开展能产生共鸣的对话。

接下来，我建议他们正式确立一项再缔约协议，包括以下几项指导原则。他们要承诺遵守这些原则，并把它们分享给其他人。

1. 我们会彼此宽宥，不在背后议论他人是非。

2. 我们会少做评判，更多地倾听。在和他人对话时，我们会在开口之前先做到更好地理解对方。

3. 别人分享想法、观点或感受，理应得到我们的认可、尊重和倾听。

4. 我们会兼容并包，积极寻求更多演职人员的意见。

5. 我们会支持彼此的演艺之路和在娱乐行业的职业发展。

6. 我们会一直秉持开放的心态，给予和接受坦率而充满关心的反馈意见。

事实证明，这次对话成了AJ、米格尔和温迪事业的分水岭。在接下来的几个星期里，三人取得的进展远远超出我的预期。他们招募了两位职员和几位演员参与到共同使命中。每个人都热情地拥抱共同使命，创造更加积极的片场文化。

接下来，在AJ承诺会做出改变的情况下，电视台续签了这档节目的下一季。电视台的高层对AJ的投入深感震撼。AJ主动承担领导职责、在演职人员中建立核心团体的做法给他们留下了极为深刻的印象。

几个月后，节目进入下一季的制作周期，片场的文化氛围发生了翻天覆地的转变。上一季制作时的明争暗斗和糟糕透顶的感觉一去不复返了。

AJ并没有因此停下改善自身行为的脚步，这彻底改变了人们对她的看法，反过来也改变了片场的工作动态。她的声誉迅速得到改善，即使在更大的圈子里，人们也会用新的、更富有同理心的眼光看待她。她不再是那个令人心生畏惧的女一号了，她身边的演职人员再也不用每天战战兢兢、如履薄冰了。

一开始，投身于这些变革的努力全靠AJ自己——但她并没有单枪匹马地承担此事。她不得不招募一支共赢团队，团队中的每个人都在发挥自驱型领导力。他们彼此依赖，相互提出意见，确保AJ和整个团队不会倒退回旧的习惯。

这个层次的变革工作只能依靠团队来完成，我们都必须在团队中发挥积极作用。培养每一位团队成员积极主动、共赢的心智模式，这最终会减轻我们肩上的担子，帮助每个人积极主动地和团队成员一起改变，追求共同目标，实现共同使命。

我们公司拥有 75 年悠久而令人自豪的历史，我们向数字解决方案提供商的转型是一次壮举。共赢帮助我们重新定义了领导团队，帮助每位团队成员为自己的业绩和发展承担责任。通过加强团队成员之间的责任感，我们实现了公司文化与愿景的统一。

查克·哈林顿

帕森斯集团
首席执行官

原则 7 的实践方法

每次在家里开派对时，我都会第一个举杯祝酒，请大家帮我个忙："从现在开始，每个人和我一起当这场派对的东道主，好不好？"我和很多人解释过，我害怕做不好周到的主人，没有照顾到每个人。我说："如果看见谁的手里没有酒，请你们过去问问他，要不要帮他倒一杯。如果看见有谁形单影只地站在一旁，请主动和他聊天，把他介绍给你熟悉的人，或者邀请他加入你们的对话。如果我们都能这样彼此关照，那么今晚的派对一定棒极了！”

接下来，我会稍显过分地请每个人对我这个要求做出回应。每次我都能得到人们热烈的响应和满场的欢笑声。这就是我主动出击的再缔约做法。每到这个时候，我就知道，我可以放松下来，慢慢享受派对了。我非常确定，派对上的每个人都会主动地彼此关照。

发挥自驱型领导力就像组织一场大型派对，要全身心地为每个人服务，让大家觉得宾至如归，感到轻松愉快。为了确保每个人都得到恰当的关照，最好的也最轻松的做法就是，明确地邀请每位团队成员和你站在一起，更好地关照彼此。

当我们开始与同事、朋友和家人取得共赢和共同发展的前进动力时，招募更多人加入共赢使命的责任就落在我们的肩上。为了让共赢的变革持续不断，我们要支持共赢，使之走出自身团队的范围。无论正式的头衔是什么，最终的领导成就都是支持和启发团队成员，帮助他们成为领导者，让他们恰如其分地发挥自驱型领导力。接下来，你可以敦促人们承担起类似 AJ 那样的使命，和他们一起改变你工作场所中每个人的行为。

对，就是这样的。

小报告变金子

态度消极、哭哭啼啼、发牢骚、把自己看作牺牲品——这些都是损害共赢和变革大计的毒药。尽管如此，悲观的表达有时也能带来良机，帮助我们为团队成员服务：无论何时，只要有人轻蔑地说团队成员的坏话，我们就必须扭转对话的方向，把愤怒的发泄变成积极的行动。

绿讯的一位同事最近发信息给我：“请问，托马斯不再负责 salesforce.com 的数据录入了吗？”

我回复信息：“什么意思？”

“哦，他的工作似乎出现了疏漏。他是调任其他岗位了，还是公司允许他不做数据录入了？”

这个人的真正居心是向老板打小报告，投诉自己的同事。这一招极具杀伤力。我强忍住发信息质问托马斯的冲动。静下心来，我发现这是一次良机。如果能改变对团队的指导方式，为了团队而指导，我就能加强整个团队对共赢的投入度，使之成为团队的指路明灯。

我回复那位同事：“我认为，你是在问我：‘我很担心托马斯的任务过多过重，无法保质保量地完成每项工作。尤其令我担心的是数据录入工作。你注意到这一点了吗？我会向托马斯提供支持，或者找到办法帮助他回到工作正轨，在此之前，你有什么指导意见吗？’”

退后一步看，我发现我甚至没必要介入此事。我接着回复：“你已经明白这一点了，去和托马斯谈谈吧。看看他的生活中发生了什么。我们是不是需要重新谈一谈分工问题。如果真的是这样，鼓励他在下次会议时寻求团队的支持。在下个星期的团队电话会议上，如果能听你讲讲如何主动接近和帮助托马斯，我会感到非常开心。实际上，如果认为对托马斯和整个团队有帮助，你和托马斯可以为团队做一次简报。如果不做简报，我会默认你们的各项工作已经回到正常轨道了。”

整个对话让我充满了兴奋之情。我没有纵容自己的习惯，亲力亲为地解决所有问题，恰恰相反，我鼓励托马斯的同事采用共赢的心智模式，帮助托马斯解决问题。于是，这次关于数据录入的、拐弯抹角的投诉变成了两位团队成员共同发展和成长的良机，帮助他们培养了更加有力、共赢的契约和文化。

不要纵容发泄，也不要容许自己忽视这种发泄，从而沦为消极的追随者。牢记自己作为领导者的职责，要不断地在团队中推进共赢。

背后议论同事（仅限于帮助同事）

无论何时，如果你和同事出现了问题，我都建议你们坐下来聊聊，主动通过支持的态度接近他们，解决问题。有的时候，在接近对方之前，可以先找一两位其他团队成员取得初步看法，提前获得一些洞察，这样可能会大有帮助。但它必须是为了帮助那些需要帮助的人："我认为乔舒亚有些落后了。我们应该怎样帮助他？与他讨论此事最好的方式是什么？"

在这种情况下，我们不想被困在背后议论他人是非的陷阱中。要对自己的真实意图保持开放和透明的态度。对我来说，这种准备性质的对话是唯一可以在团队伙伴背后议论的合理情形，因为它表达的是我们与他人共赢的善意。我们把每位团队成员的成功都视为自己的责任，帮助人们成长和发展，充分发挥人们的潜力，并把这一切当成分内的工作。

可以肯定的是，同事一定会发现，我们曾经通过别人得到关于他们的建议。这时，只要我们的意图是纯粹的，那就不会有什么大问题。我们必须确定，问及的对象对这一切具备多大程度的心理安全感。要准备好告诉他，你先征询了其他人的看法，因为你需要充分掌握事实，你这样做是为了与他建立更加紧密的关系。没有什么好隐瞒的，也不该有什么隐瞒。

在与客户合作的初期，我会先进行一些问诊式的访谈，这能帮助我更好地理解客户团队面临的挑战、团队成员之间的动态关系、优势和弱势等等。我发现，人们会非常热诚地分享他们对同事和上司的挫败感。我从许多高管那里得知，一些团队成员的行为令他们心烦和失望。人们会倾吐自己的挫败感，这是自然而然的事。但是，不幸的是，人们采用的方式经常是毫无益处的、不够坦荡的。

对业绩不佳的团队成员的抱怨通常发生在背地里，人们喜欢对着同事或上司议论他人的是非。更糟糕的是，两位同事会谈论第三人如何没有做好自己的工作，他们津津乐道的样子仿佛是在讨论花边新闻，但他们从来不会着手解决问题。如果能做到完全诚实，我们就会发现，多数人都会沦为这种行为的奴仆。实际上，这是我们在自我豁免对团队伙伴的支持责任，推脱与他们共同提高业绩的责任。只有糟糕透顶的领导才会这样做。

发泄情绪真的有帮助吗？没有。它没有丝毫的办法帮助你解决眼前的问题。这就像你坐在后门廊里，手里摆弄着一瓶百威啤酒，满腹牢骚地抱怨自己多么想换一份工作，却从不去找一样。它只是空谈，无法帮助你完成自己的使命。

帮助末位同事

如果某位团队成员对你完成使命极为重要，但是他的工作表现很差，引起了麻烦，甚至他还面临被解聘的危险，此时你一定要记得上文提到的西点军校的精神：真正的领导者不会让任何人掉队。共同取得更高成就的重点要落在“共同”二字上。要调动你的全部技能，为他们服务，与他们分享，关心他们，利用群体的力量帮助群体，把迷途离群的团队成员带回到队伍中。

西蒙在一家大型交通企业工作，担任这个家族企业的首席数据官。为了赶上竞争对手的脚步，西蒙急需一次彻底的技术改造。不幸的是，公司虽然对他大胆的现代化方案寄予厚望，但是西蒙的合作技能太糟糕了。他很快就要被解聘了。

有一天，我接到这家公司人力资源总监的电话。这位总监抱着“最后一试”的想法，问我有没有什么好办法可以挽救西蒙。每个人都知道，解雇西蒙一定会让技术改造遭受挫败，让公司蒙受损失，但当时他们觉得别无选择。

问题出在哪里？在这家崇尚谦逊和低调的企业里，西蒙经常为自己的工作邀功请赏，这让人们不禁对他的诚信产生了怀疑。和 AJ 一样，西蒙也需要在团队的支持下转变自身的行为。

在和我谈话时，西蒙把所有过错都归于公司文化的落后。我没有和他争辩什么。我只是告诉他，如果他想保住工作，我们就要为他找到一个“同声传译”，帮助他打通公司文化的通道。西蒙很快确定了乔舒亚这个人选。乔舒亚在那家公司负责供应链运营。一见到乔舒亚，我就单刀直入地问他："你和西蒙关系很好，是吗？多数人认为他和公司的文化格格不入。他可能在一两个月内就会被炒鱿鱼。你愿意帮他一把吗？"

乔舒亚认为西蒙非常出色，他只是遭到了某些误解。但他也认为西蒙有些问题需要解决。除此之外，乔舒亚还非常迫切地需要西蒙的技术洞察力。

于是，乔舒亚加入了。我给他的任务是指导西蒙，教他怎样与同事合作。我向乔舒亚建议，西蒙极度缺乏安全感，乔舒亚需要教给他在会议上该说什么、不该说什么。在他们同时参加某个会议之前，乔舒亚要对西蒙说些加油鼓劲儿的话，并在会议结束后赞扬他，充满关怀地为他提供帮助和指导。

乔舒亚建议，应该让人力资源部门的人加入进来。随后他取得了该部门的支持。他们慢慢地吸引了更多人支持西蒙的进步。接下来，西蒙取得了真正可观的进步。有些人平时会对西蒙敬而远之，对他抱着半信半疑的态度，如今，这些人在对西蒙的帮助中开始相互支持。西蒙表现得越来越好，就连对他最不满意的人都注意到了这一点。为了发挥赞许的力量，我请乔舒亚一定要确保西蒙的批评者注意到他的行为变化，哪怕是最微小的变化也不要放过。

很快，西蒙的进步变成了一种自我应验的预言：他自吹自擂的习惯和其他令人不快的习惯并没有彻底消失，但他的行为不再那么过分了。更重要的是，人们看到了他行为的改变，看到他开始拥有支持者。人们开始看到西蒙身上的闪光点。如今，西蒙在这家公司的业务重整中发挥着关键作用。

和 AJ 的故事一样，在帮助西蒙蜕变的过程中，公司的人力资源总监同样发挥了重要作用。我坚信，在未来，人力资源部门的领导者将是在职场建立共赢关系的重要贡献者。人们迫切需要自驱型领导力，我们必须与人力资源部门合作，通过共同创造的方式把共赢融入传统的组织设计。

持续不断地变革早已成为今日商界的常态，共赢文化是谷歌和 Ancestry（一家基因检测公司）之类的大企业获得并保持高速发展的关键所在。共赢有利于推动高速创新的企业获取成功的力量，二者是高度和谐的。我们可以越来越多地依靠团队成员支持彼此的使命。随着共赢的影响日渐扩大，它能为我们带来更多工作文化和自身生活的归属感。这有利于培养人们的心理安全感。敢谋大事、快速完成转型、发挥新见解的力量、把握新机会，这一切都离不开心理安全感这个基础。

马戈·乔治亚迪斯 | **Ancestry 公司首席执行官**

不断提高指导级别

在团队发展的过程中，要创造性地引入更多的指导资源，不断扩展团队的能力。在我培养与养子的关系时，外部指导发挥了关键作用。在最初相遇时，我和养子之间存在很大的文化差异。他是一个来自市中心贫民区的 12 岁的孩子，我已经 40 多岁了，我从宾夕法尼亚州的乡下考入耶鲁大学和哈佛大学。我们的童年都不富裕，但我始终浸润在家庭的关爱和支持中，而他没有。为了接近他，帮助他成长，我需要比我更有活力的援军。一开始，似乎每个人都比我更懂得怎样与他沟通。

我咨询社会工作者，有没有哪个男孩曾经成功地走出这套领养体制，并在体制外茁壮成长。我想找一位经历过领养，并在之后的人生中取得成功的年轻人，年龄最好在 18 到 20 岁之间——他能和我的养子产生共鸣。

他们为我介绍了维克多，一个 19 岁的年轻人。他曾经被人领养，现在正在读警校。我聘请了维克多做我的“同声传译”，帮助我指导养子。维克多每个周末和我们待在一起。他会观察我和养子之间的相处情况，建议我如何和孩子说话，什么时候有必要管教他，如何对孩子的情绪爆发做出回应（有时是不回应），如何让孩子知道我多么爱他，让他知道我不会抛下他不管。他花了很多时间和我的养子相处，直言不讳地告诉养子我的本意，让他明白他的种种行为可能为自己带来的风险。

我并没有止步于此。我还联系了养子的老师和球队教练，邀请他们来家里吃晚饭——就像小学五年级时，因为获得了班里的奖学金，我父亲邀请班主任来家里吃饭一样。

我想让养子同样获得来自长辈的关怀，受到一个与他关系密切的人的影响，所以，我请森夏恩做家里的厨师。她的老家在巴巴多斯，她是一位令人愉快的、温暖的、爱热闹的女士。我们本来不需要聘请厨师，但我需要有人帮忙带孩子。森夏恩的童年也是在领养中度过的，她经历过这件事，熟悉它的种种弊端。

我还聘请了前面提到的那位说唱老师。我们下定决心，一定要帮助我的养子成为一个充满自信心和自豪感的人。我还邀请了养子在学校的伙伴们，请他们假期到家里玩。我把家里改造成一个很酷的地方，孩子们都喜欢来这里玩。

通过这些共赢关系，我们建立了一支由多人组成的团队，在孩子的生活中支持他，引导他，帮助他做出选择，应对信任问题。我和孩子建立感情纽带的努力得到了人们认识上和口头上的支持，他们都很关心孩子的幸福和发展。为了他的未来发展，我把这支团队朝各个方面不断扩展，让孩子和这个崭新的群体共赢，让每个人都能从中收获更大的发展。

创造转折点

也许你已经想到了自己的第一个共赢伙伴，也许你已经建立了强有力的共赢关系。一定要保持开放性，积极地服务、分享和关心。这一点怎么强调都不过分。有了这几位最早的、坚强有力的共赢伙伴，我们能收获 10 倍的丰硕成果。

在第一次和 AJ 坐下来，帮助她挽救节目时，我就信心十足地认为，她需要的是一个精干的、共赢的核心小组，在片场里开启一场工作文化的革新运动。我多次见证了它的效果，我们在绿讯的研究也证实了这一点。比如，在通用汽车公司，我们发现，每 1 000 名区域销售团队成员，大约有 200 名接受了“可信顾问”销售模式的挑战，但这些人中只有大约 50 人认真履行了自己的职责。

然而，正是这 50 位坚定的顾问组成了一支精良的、自我选择的团队。这支团队带来了后面发生的所有故事。他们自发地组成了多个共赢小组，共同创造了新的解决方案，他们相互扶持、彼此指导，在与经销商共赢的过程中彼此赞美和庆祝。他们组成了一个紧密团结的群体，这些全明星员工不仅销售业绩出色，还鼓励更多伙伴加入了他们的队伍。

参加“可信顾问”项目的人越来越多。在大约 30% 的部门加入之后，这场运动迎来了重大的转折点。前进的动能和为成功团队的喝彩变得不可抗拒。很多销售人员超额完成了销售指标，成为这一新项目的支持者，为它摇旗呐喊。就这样，这个新项目变成了这家公司销售行为的新标准。

如果你需要为职场运动的发起设定目标，这些数字就是很好的参考。在为每个项目制订关系行动计划时，要注意做好记录：在与名单上 5% 的人建立了共赢关系时，一定要记上一笔。然后，继续招募其他团队成员，下一步要把共赢关系的比例提高到 30% 左右。

要不断邀请同事共赢，有一天，你会突然发现，你的工作中出现了一个新的群体，他们说着同样的语言，发挥着同样的自驱型领导力。不要放弃那些初期抗拒改变的人。他们中的一些人会发生巨大的转变。

我们正在向着前无古人的事业发起冲锋，它需要小型初创团队在广泛的专业领域里不断产生创造力，不断创新，从生物、化学、食品技术、自动化到营销宣传与教育领域，不胜枚举。因此，我们必须团结一心，形成一支“身体力行的梦想家”式的团队。共赢能够帮助我们分享知识，相互扶持，在解决不存在确定答案的问题时相互支持。

乌玛·瓦乐蒂

孟菲斯肉品
首席执行官

10倍速共赢

AJ听说，她的节目获得了续约。此后不久，我和AJ、温迪，还有米格尔开了最后一次会。那时，他们已经在准备下一季节目的制作了。我向温迪和米格尔提出了一个特别的要求：“请两位全身心地帮助AJ，互相帮助，持续不断地发展和成长下去。如果AJ出现过分紧绷的情况，请你们及时站出来，帮她听取别人的反馈意见，一定要让别人感到他们是受到重视和尊重的，感到他们的意见得到了认真对待。”

我提醒她们，在新一季节目开始录制时，AJ在片场可能不会感到太多的善意。他们要把对彼此的奉献明显地表现出来，使之成为典范。他们要不断地引入新的共赢队友，直到片场中的每个人都能感受到整个环境真的发生了转变。无论何时，如果有演职人员未能履行彼此的约定——比如怪罪和指责，他们就要负责控制好情绪，满怀同理心和关爱心地帮助他人改变行为。

我说：“你们不仅要相互指导，还要指导片场里的其他人，要关爱他们——要为他人欢呼喝彩，把我们练习过的每一项共赢原则落到实处。你们是整个团队共赢的导师。这是你们的新职责，你们要像出演重要的新角色一样认真对待这项工作。”

几个星期后，我听说这档节目的片场文化发生了明显的改变。AJ、米格尔和温迪不断招募新人加入自己的团队。到了后来，这支庞大的队伍甚至包括了 AJ、米格尔和温迪一度认为会阻碍他们进步的人。

大约一年之后，这档节目的一位演职人员给我发来一连串信息——我连这个人的面都没见过。他是 AJ、米格尔和温迪在我们那次晚餐之后招募的首批成员之一。那时候，这档节目的未来还命悬一线呢。

> 从去年到今年，片场的氛围每天都在发生令人惊喜的变化。我感受到了同事之情、伙伴之谊，感受到了协同合作，最突出的一点是，我感到每个人都在真心实意地帮助别人。
>
> 我给 AJ 讲了我儿子的那位了不起的棒球教练的故事。他对孩子们说，只要团结一心，像一支真正的团队那样作战，他们就能做到无往不胜。而我自己的团队正是如此。无论是在镜头内还是在镜头外，每个人都在用心工作。
>
> 这一切真让人意想不到，我们的关系日益紧密。每个人都在

真心实意地帮助别人，每个人都希望大家出色地完成工作。

到了 2020 年，这档节目仍在热播。自从那次文化转型之后，这档节目取得了有史以来最高的收视率。从一度遭到剧组、其他演员和电视台的围攻，到真正成为变革的推动者，AJ 在这档节目的片场里领导并完成了一场变革运动。

建立共赢的团队、完成使命、变革文化，这都是你的责任。再次强调，在开始的时候，你必须做到勇挑重担。当你真正开始和同事共赢、共同发展时，人们自然会行动起来。接下来，主动接触他人、共同创造、共同发展就成了每个人的分内事，每个人都要确保达到一定程度的共赢，每个人都会说："我不会眼看着你失败的。"

共担使命的人越多，每个人的担子就会越轻。这就是我们共同迈上更高台阶的方式。我们就是这样发挥出 10 倍速能力，达到 10 倍速目标的。团队会在转折点上激发运动，运动终将改写文化。

职场旧原则：避开不肯合作、难以共事和毫无贡献的人。不要把他们当回事。

职场新原则：如果团队成员以任何方式阻碍了使命的达成，团队就应该寻求其他成员的帮助，以提高这位成员的业绩，提升每个人的贡献。

共赢：新的职场连接方式

研究发现，签订合同、督促目标的完成，这样的形式更有可能成功地实现目标。[1]AJ 和她的团队就是这样做的。他们的共同使命是在节目录制现场打造新的、相互支持的工作环境，为此他们重新约定了彼此的关系，完成了再缔约。下面是一份再缔约协议模板，它适用于任何类型的共赢关系。

1. 我们将投身使命的完成和彼此的成功：我们不会坐视对方失败。实际上，我们会确保每个人成功。我们会在工作中紧密合作，共同提高，完成共同的使命。

2. 协同合作：我们会团结协作，不会强迫对方接受我们的想法或者推销所谓的共识。我们会永不满足地保持好奇心，不断突破，追求更高水平的创新。为了让我们的使命结出更丰硕的果实，我们会在尊重的前提下挑战彼此的想法，向对方提出坦率的意见。

3. 谋求发展：我们努力帮助对方提高技能和行为，实现共同业绩的提升。我们准许对方根据自己的直觉提出坦率的意见。想要成长和发展，我们都离不开彼此的金玉良言。

4. 讲真话：为了完成使命、彼此支持，我们会坚持讲真话。我们会准许人们在必要时根据自己的直觉给出坦率的意见，把这些坦率的语言视为对彼此的帮助，并接受这些意见，因为我们心系彼此的成功。

5. 无人牺牲：没有什么能够阻挡我们的变革。我们会抛弃过去的种种惯性，摒弃所有受害人式的语言。我们会守望相助，留意是否有同事陷入受害者心态。

6. 先做自我批评：如果同事让我们感受到挫败，我们首先应该检视自己的行为，做出应有的改变，扪心自问："我哪里做得不对?"不要动辄指责和怪罪他人。

7. 花时间关心他人，为他人服务：我们会专注地为他人服务，与他人分享；加深关系，构建心理安全感，让别人知道我们是真心实意地关心他们。

8. 庆祝：我们会赞颂彼此的成绩，庆祝我们的成功。

原则 8
当下，立刻行动

巴塔哥尼亚公司没有企业文化，我们有的只是一项运动。这项运动就是让人们深信共同的价值观，它是企业变得独一无二的最有力的工具。这样做，人们不仅会在工作中积极落实这一方法，还会积极主动地把它传播出去。我们的客户会加入我们，和我们一同出发，发挥同样的领导作用。我们形成了一个昂扬向上的社区，这不仅体现在我们的信念中——我们的员工和客户要更多地服务于我们的使命，拯救我们共同生活的地球，还体现在我们持续强劲增长的经营业绩上。

迪恩·卡特 | **巴塔哥尼亚公司**
首席人力官

在写作本书时，我最大的心愿是帮助你发起一场运动，显著改善你和你身边的人的生活，同时激励那些有能力解决全球性问题的组织。本书包含的各种做法并不复杂，但它们有力量带来真正意义的文化变革，这种变革不仅会发生在你的团队中，而且会发生在整个组织里，甚至是整个世界。

我坚信，共赢终将成为一场全球运动。它一定会如此，这是新型工作环境的必然要求。科层制的影响力江河日下，与此同时，共赢的重要性与日俱增。它不断扩展着领导者的地位，这既包括职权范围内的地位，也包括职权以外的自驱型领导力。

我相信，在这个空前多样化、快速变革和相互依赖的世界里，共赢会逐渐成为人们的一项核心能力。共赢是我们获得快乐与个人成长的新途径——无论是在工作中，还是在生活里。

随着共赢的各种习惯对工作关系的改变，它们会自然而然地“流淌”到生活的各个方面。共赢的原则广泛欢迎多样化，它们兼容并包，能带来更丰富的合作、更坦率的态度、彼此服务的透明度、共同的成长和发展等。这些原则为我们打开了新的通道，让我们在生活的各个维度上变得更真实。

这一规模的变革可能很难想象，但是，如今的世界就是由过往的变革运动组成的。每一次运动都是由一个小型的核心团体发起的，它由最热诚的信徒组成，这些人嗅得出变革的气息，看得见行将崩塌的现状。这让我想起传奇人类学家玛格丽特·米德的一句名言：“一小群有思想、肯献身的公民能够改变世界，不要质疑这一点：因为事实就是如此。”

亲身体会了共赢神奇力量的人会把好消息传递开来，因为服务、共享和关心的精神让共赢具有天然的感染力。总的来说，人们不太容易相信什么，但是会很快地接受和适应。当我们向团队成员展示共赢的巨大价值，当亲眼见证它改变行为、激励团队合作和产生意想不到的成果的力量时，他们就会变成共赢的信奉者。

我从小被培养成一名基督徒，如今，我奉行共赢就像奉行自己的信仰，它让我堂堂正正地行走在天地间，成为一个谦逊的人、一个能把事情做成的人。因此，当有一天离开时，我仍然能为世界留下一些足迹和涟漪。我希望，因为选择了和孩子、家人共赢，选择在社区和工作中共赢，我能为人们带来些许积极的影响。

截至目前，本书始终聚焦于一个人：你。它主要关注的是，你如何改变自身的行为，与身边的人共赢，取得更大的成功，它主要谈论的是工作中的共赢。我希望你不要到此为止，希望你现在就把共赢教给别人，让更多人加入这场运动。所以，接下来你想帮助谁、激发谁在工作中发挥自驱型领导力，成为这场运动的一员？想想看，与其躲在保护壳里指手画脚地责怪别人，我们不如停下来问问自己："为了完成这一任务，或者解决这个挑战，我需要和谁开启共赢关系？"

要尽己所能地为世界带来最大的改变。我们在工作上花了那么多时间，为什么不让我们建立共赢关系激励我们走出工作场所，共同创造更丰富的人际关系、更美满的婚姻、更幸福的家庭、更美好的社会？

我在书中举了很多例子，在这些例子中，我与深爱的、关心的人共赢，以加深彼此的关系。和我一起工作的人告诉我，他们发现自己一直在工作之外使用共赢的语言。一位人力资源高管把共赢介绍给了她的女性高管团体，如今，"共赢、相互支持"这一承诺已经写进了这个团体的使命宣言。

我认识的另一位女士把共赢当作恋爱生活的指导原则。她告诉我："我发现，我无法容忍自己最重要的关系没有达到共赢的标准。我想帮助身边的人提高自己，坦白地讲，我也希望人们帮助我提高自己。无论缺少了哪一点，我都无法接受。”

2019 年，我受邀主持了两场婚礼，两对儿新人都希望在结婚誓词中加入共赢的原则。他们都在典礼上宣布了要终身共赢的誓言，他们请在场的亲朋好友监督他们，加入他们，共同发展，不断提高。

我在自己做过的每件事中都真正考虑了共赢。它是我寻找方向的北极星，让我在偏离航向时返回正道。在发表的每一次讲话中，在把共赢作为一门方兴未艾、关于领导力与销售能力的科学讨论中，我也在努力把共赢传递给在场的每个人。即使在社交茶歇的时候，我也会培养一种真正的、共赢的社群氛围。

我的人生使命是启发和创造一个新世界。在这个新世界里，当走进一个满是陌生人的房间时，人们共同的预期是跳过客套和寒暄，直接开始言之有物的深度交谈。我们会致力于服务、分享和关心，我们都在学习如何最好地为他人服务，如何最好地支持各自的变革性使命。我想起了母亲的教会小组，父亲过世后，这个小组始终和母亲共赢。我还想到她的“纸牌俱乐部姐妹团”。她们每个月聚会一次，不仅是为了一起打牌，还通过一种最有力的方式相互扶持。

决定未来组织样貌的是共赢和敏捷性，关键在于流畅的、动态化的团队不断开拓和加速推动创新。在这个日益包容、极度相互依赖的世界里，共赢会不断扩大“团队”和“领导力”的定义，拥抱成功必备的敏捷心智模式。在这个时代里，颠覆和数字变革重新定义着工作和生活，每位领导者都必须拥抱这一心智模式。

帕特·基辛格 | **威睿公司 首席执行官**

在我认为的理想的世界里，人们尊重多样性的价值，认为各种不同观点中的共同创造会为我们面对的每个问题带来最好的解决方案。在这个世界里，充满关心的坦率会成为我们预期的常态。在这个世界里，对冲突的回避、善意的谎言、礼貌的客套无法在相互尊重的关系中立足。我真心地认为，为了保护脆弱的自尊和权力地位，人们在日常生活中那些半真半假的废话将无处遁形，因为一个完全相互依存和透明的新世界正在向我们走来。

希望本书能够激发人们对共赢的新思考，带来全世界各个组织的文化变革。想象一下，如果每所学校、每位老师和家长都能通过共赢来教育孩子，帮助他们为未来做好准备，那么会发生什么？共赢会在未来得到最高的认可，它会超越所有其他的工作技能。慈善组织和非营利组织可能最需要这一文化变革，因为其使命是帮助需要帮助的人，这一使命如此迫切和重要，人们不能因循守旧，任由早已过时的科层式思维浪费宝贵的资源。

我常常为客户的慈善行动提供免费指导，因为我看到了它的变革效果。我曾经与 Summit Mountain Series（知名帐篷品牌）合作，为它的活动奠定共赢的基础；我和顶级女性首席信息官团体 Tech T200 合作，把共赢引入成员协议；我还帮助彼得·戴曼迪斯在他的 XPRIZE 基金会和 Abundance 360 组织中运用共赢原则，发挥其巨大而深远的潜力。

说到我自己，为了帮助全世界 1.5 亿无家可归、失去亲人的孩子，我一直在通过 Greenlight Giving 基金会为领养体制的改革奔走呼号。这种关注引领我们与一家全国性非营利组织共赢，这家组织致力于预防和治疗儿童虐待。我们运用共赢原则帮助这家组织扩大了核心捐赠群体的队伍，目标是筹款成果增长 10 倍。

我们还在世界银行集团的地区分部、地方政府和其他非政府组织中发起了一项共赢运动，所有这些都是为了利用数十亿到数万亿美元的长期融资，帮助世界银行完成根除全球贫困的宏伟目标。通过共赢式晚餐、学习、训练营和持续不断的同辈指导，世界银行集团扩大了投入、提高了能力，这家组织的目标是使其能够部署的资金总额增加 10 倍。

放眼全球，没有什么组织比政府更需要共赢了，更不要提与它如影随形的有毒有害的政治文化了。政客的当选，依赖的是“我们 vs 他们”的心智模式，接下来，他们会发现已经在自己的身边筑起了坚固的高墙，这让他们无法有效地实施治理。我一直和美国的一部分参议员和众议员紧密联系，探索求同存异、在两党一致的共同事业中取得更大发展的良机。我还亲自奔赴市民冲突和崩溃现场提供指导，这是取得变革性共赢成果的良机。

未来几年，新一代政治领导者需要肩负起一系列令人生畏的重担，它们是不可能通过各行其是的老路得以解决的——诸如气候变化、环境恶化、人口迁移、刻板偏见和种族灭绝等问题。我相信，共赢运动能在各执己见的个人之间寻求共性，帮助人们为以上问题贡献自己强有力的、共同创造的新型解决方案。这些问题都是陈旧的、孤立的、破坏性的思维方式种下的恶果。

业务的变化来得如此之快，以至我们无法依靠严格管控和科层制度来创造突破性的解决方案，以获得竞争所需的创新。共赢为我们开启了一条新路，它帮助团队成员通过真诚的伙伴关系学会如何协作。这种伙伴关系能帮助团队成员共同成长，帮助他们在极端压力下跟上市场的步伐。

保罗·亚诺弗

电影票务公司 Fandango
首席执行官

每位读者把共赢的思维带到本地的慈善事业和社会承诺中，把它安放在自己的信仰和热爱中——这就是我的梦想。对你最关心的社区来说，你现在已经是一位合格的共赢导师了，现在就行动起来吧！

讲出你的故事，让我们为它欢呼喝彩。你的故事就是这场共赢运动最好的动力。在你把本书的内容付诸实践的同时，请告诉我你的收获。你的收获同样可以启发和激励更多的人。如果这本书对你产生了积极影响，你能回报我的最好的礼物就是讲出你的故事。欢迎与我联系，我的邮箱地址是 kf@ferrazzigreenlight.com。请告诉我，你是如何通过共赢实现更高的工作效率和创造力的，以及最重要的一点，你是如何与生活中最重要的人加深关系的。在绿讯团队的帮助下，我们会共同创造出最恰当的方式，把这些故事更广泛地传播出去，激励更多的人，共同走向更美好的未来。

这只是我们创造更美好未来的第一步。长路漫漫，它一定充满更多的喜乐，它会为我们带来做梦都想不到的变革性成果。我们会通过共赢的方法掀起共赢运动的热潮。

全方位应用共赢原则

在我十几岁时，父亲遭遇下岗，离开了他工作多年的工厂。为了补贴家用，我到当地的一家乡村俱乐部当起了高尔夫球童。父亲对高尔夫一窍不通，但是他建议我：“每天提前半小时到球场。”

虽然不理解他的用意，我还是照办了。一开始，我会无聊地等待一天工作的开始。但是，慢慢地，我会用清晨早到的时间到球场上走走。我会测试一下果岭的速度，留意一些小细节。例如，每次草坪被修剪之后，草会向哪个方向倾倒，有些斜坡比它们在球道方向看起来更陡，哪些果岭球洞的位置比较刁钻。因为每天早到半个小时，我对那片场地了如指掌。我会帮助高尔夫球手提高分数，帮助自己赢得更多的小费。慢慢地，高尔夫球手开始点名请我做球童。我很快成了俱乐部里最受欢迎的球童，还赢得了俱乐部年度最佳球童的称号。这让我有幸在那一年为传奇高尔夫球巨星阿诺德·帕尔默做了一次球童。

这就是父亲给我的睿智建议，这是他留给我的思想遗产。我现在把它讲给你们听。通过阅读本书，你已经提前熟悉了共赢的方方面面。要充分发挥它的作用，你可以把这本书放在手边，让它成为你的参谋。按照书中的做法，从头至尾试一试，把新的工作原则运用到你做的每件事中。当然，你偶尔也会遇到阻碍，但是你的进步会更明显，人们都会注意到。

现在轮到你熟悉自己的场地，为共赢和自驱型领导力培养自己的独特感受了。在指导他人、和他人共赢，并为他们的成就欢呼喝彩时，你会慢慢培养出自己独特的洞察力，懂得怎样更好地指导团队成员，为方兴未艾的共赢运动贡献自己的力量。

那一天终将到来。到了那一天，自驱型领导力和共赢会成为必不可少的工作技能，你会像那个十几岁的高尔夫球童一样，无数次提前熟悉场地，为前方的挑战做好充分的准备。

致谢

本书的各种实践、建议和不断演进的洞察力在很大程度上要归功于绿讯近年来合作过的数百位高管和他们的团队，感谢他们的帮助，感谢他们的思想和经验。帮助过我们的人很多，由于篇幅限制，只能每家组织提到一两位代表，这让我极难取舍。他们都是我的共赢伙伴，我对每个人都充满了感激之情。如果没有他们，就不可能有这本书。

按照项目工作的时间先后，我们要感谢的人包括（请原谅我们的疏漏）：林肯金融集团的莉萨·白金汉；我在汤森路透结识的德温·韦尼希和约翰·里德-多迪克；易贝的克莉丝汀·耶图；通用汽车的马克·鲁斯；日立数据系统公司的杰克·多姆和斯科特·凯利；美国在线（AOL）的吉姆·诺顿；巴斯夫公司的斯特凡·贝克和我在巴斯夫结识的罗伯特·布莱克本；天睿公司的莉萨·阿瑟；法律产品营销公司 LegalShield 的杰夫·贝尔；联合利华的迈克·克莱门蒂；威瑞森商业集团的塔米·欧文、乔治·费希尔、戴安娜·布朗、安妮特·劳瑟、马莎·迪里汉提和斯科特·勒纳；世界银行的金墉；我在伟创力公司结识的迈克·丹尼森；帕森斯集团的查克·哈林顿、卡丽·史密斯和德布拉·菲奥里；我在邓白氏公司结识的鲍勃·卡里根和乔希·佩雷兹；美国家庭保险公司的特莉莎·杨希；投资公司 Invest AG 的谢尔盖·扬；我在生物技术公司 Horizon Therapeutics 结识的 Shao-Lee Lin；美林银行的安迪·西格和史蒂夫·塞缪尔斯；达美航空的吉尔·韦斯特；XPRIZE 基金会的阿努什·安萨里；软件公司 Workfront 的海蒂·梅林；威睿公司的帕特·基辛格、桑贾伊·普尼和贝齐·萨特；一直以他们的思想启发着我的美国家庭人寿保险公司的弗吉尔·米勒、杰米·李和里奇·吉尔伯特；感谢奇点大学、国际发展平台、商业公司 HighGround、企业点对点学习平台 MentorCloud、智能项目管理平台 Cornerstone、全球人才顾问公司和产品服务公司 Workday 开发的软件，帮助个人发挥自驱型领导力；感谢我在 Yoi 的投资人和支持者；感谢瓦里安公司的加勒特·格尔森，他让我看到，自驱型领导力的原则能够如何作用于初创企业的初始阶段；感谢软件公司 Genesys 团队的合作伙伴关系，我们共同为全球首席营销官打造了一个自驱型领导力社区；感谢爱德曼国际公关公司团队的合作伙伴关系，我们共同探索了自驱型领导力在建立信任方面的种种益处；感谢凯西·曼达托和她给予的合作，我们共同组织了以未来劳动力为主题的会议；感谢戴尔公司的阿曼达·霍奇斯发现了在首席信息官群体中发挥自驱型领导力的需求；感谢网络出版网站 MindValley 的维申·拉克雅礼为我们提供平台，让更多人了解自驱型领导力；感谢 World50 的戴维·威尔基，在多年前担任首席营销官时，World50 让我获益良多，我在那里不断成长，那里的朋友对我帮助很大。

同时，本书也是我多年来和很多人对话的结果，我把他们当成我在思想引领方面的合作伙伴，包括我的好友彼得·戴曼迪斯、我的导师肖恩·麦克法兰，还有我的作家朋友们，他们是莫里·谢赫特曼、亚当·格兰特、吉姆·柯林斯、金·斯科特、布琳·布朗和艾米·埃德蒙森。

我还要感谢许许多多的同事，他们不离不弃，一路陪我走过大起大落的征程，帮助我成为今天的领导者。他们包括：我最早的上司和导师格雷格·西尔，他如今在绿讯担任董事；我的同事吉姆·汉农，从一开始他就明白我还没有完全搞懂的共赢；我的朋友和外部顾问雷·加洛、皮埃尔–奥利维尔·加尔桑和埃里克·普利耶尔，当我全力以赴地成长为书中描述的领导者时，他们始终陪伴在我的身边。

我从 2014 年开始撰写本书，非常感谢这些年帮助我扩展想法和思路的作者们，他们包括塔尔·拉兹、安妮·布龙霍尔茨尔、阿曼达·艾比、丹尼斯·尼尔和加利·克罗嫩伯格。书中的很多观点离不开朋友们宝贵的洞察力，他们都是本书的志愿试读员。非常感谢他们如此慷慨地提出反馈意见！

本书引用了很多权威领导者说过的话，他们有思想的话语贯穿全书，为每个章节带来了光彩，感谢他们对本书的直接贡献。我还要感谢塔吉特公司的托尼·特尔朔和尼克·纳多，以及美林银行的杰里·东布罗夫斯基，他们也为本书的手稿提供了很多帮助。

非常感谢我的文学经纪人、爱维塔斯创意管理公司的埃斯蒙德·哈姆斯沃思，感谢他坚定不移的支持、充满智慧的建议和非比寻常的编辑意见，它们贯穿了本书写作过程的每个阶段。感谢我的合著者诺埃尔·韦里奇。诺埃尔帮我把各部分归拢到一起，让我顺利完成了手稿。感谢兰登书屋的塔利亚·克龙和她的整个团队，感谢他们在整个出版过程中的关怀、建议和对卓越的追求。

还要特别感谢罗杰·肖勒，他于2019年从皇冠出版集团执行编辑的位置退休，他曾经给予本书手稿画龙点睛般的指点。实际上，罗杰早在2003年就改变了我的生活。当时，他在杂志上读到了一篇我的采访。他直接打电话给我，建议我为他写一本书。那本书就是《别独自用餐》，后来成了《纽约时报》畅销书。那真是一次改变命运的际遇，我和绿讯深感荣幸，我们能为全球几百万人略尽绵薄之力。多年来，它在很大程度上成就了今天的我。这是一个成真的美梦，而这一切都始于罗杰。他在我身上看到了我自己尚未发现的潜力。对于他在过去16年给予的伙伴之谊，我始终怀着最深切的感激。

最后，我要感谢全球成千上万同人，我和我的团队曾经有幸与他们合作。他们中有些人的故事被写进书里，为了保护他们的隐私，这些故事使用了化名。如今，变革的步伐以指数级的增长迅速席卷了整个商业世界。我有幸目睹了这些领导者是如何适应这一步伐的，这让我大受启发。在直面挑战时，在学习和成长的过程中，在成为更好的领导者的道路上，他们表现出的激情和坚定常常让我充满敬畏之情。我真诚地相信，只要一直共赢、并肩走向更高的目标，他们就一定会带领这个世界走向更加辉煌的未来。

注释

前言　适应新职场关系的工作原则

1. Keith Ferrazzi and Tahl Raz, *Never Eat Alone: And Other Secrets to Success, One Relationship at a Time* (New York: Crown Business, 2005).
2. Deloitte, "Human Capital Trends 2016," deloitte.com/us/en/insights/focus/human-capital-trends/2016/identifying-future-business-leaders-leadership.html.
3. thrive.dxc.technology/2019/03/05/how-we-will-work-in-2028-gartner/r.
4. Klaus Schwab and Nicholas Davis, *Shaping the Future of the Fourth Industrial Revolution* (New York: Currency, 2018).
5. Deloitte, "Human Capital Trends 2016," deloitte.com/us/en/insights/focus/human-capital-trends/2016/human-capital-trends-introduction.html.
6. Dwight D. Eisenhower, quotes on Leadership & Organization, Eisenhower Foundation, dwightdeisenhower.com/190/Leadership-Organization.
7. Raymond Kurzweil, "The Law of Accelerating Concerns," Kurzweil: Accelerating Intelligence, March 7, 2001, kurzweilai.net/the-law-of-accelerating-returns.
8. Peter H. Diamandis and Steven Kotler, *Abundance: The Future Is Better Than You Think* (New York: Free Press, 2012).

原则 2　不为自己找借口

1. Cheryl Bachelder, *Dare to Serve: How to Drive Superior Results by Serving Others* (Oakland, Calif.: Berrett-Koehler Publishers, 2018).
2. Richard Karlgaard and Michael S. Malone, *Team Genius: The New Science of High-Performing Organizations* (New York: Harper Business, 2015).
3. seths.blog/2013/01/out-on-a-limb.
4. cosmosmagazine.com/biology/social-rejection-and-physical-pain-are-linked.
5. Jocko Willink, *Extreme Ownership: How U.S. Navy SEALs Lead and Win*

(New York: St. Martin's Press, 2015).
6. ethicsunwrapped.utexas.edu / glossary / fundamental-attribution-error.

原则 3 创造信任

1. Author's note: The Landmark Forum's programming comes from Werner Erhard's popular 1970s program EST, a controversial self-help seminar in which, despite the knocks against it, I found a few valuable insights that have shaped how I approach relationships.
2. Adam M. Grant, *Give and Take: Why Helping Others Drives Our Success* (New York: Penguin Books, 2014).
3. Grant, *Give and Take,* p. 258.
4. Grant, *Give and Take,* p. 15.
5. sdbullion.com / blog / how-much-platinum-is-in-the-world.
6. news.gallup.com / poll / 241649 / employee-engagement-rise.aspx.
7. nytimes.com / 2014 / 06 / 01 / opinion / sunday / why-you-hate-work.html?_r=1.
8. Brené Brown, *Daring Greatly: How the Courage to Be Vulnerable Transforms the Way We Live, Love, Parent, and Lead* (New York: Avery, 2015).

原则 4 提高你的职场社交商

1. thestreet.com / story / 13959499 / 1 / sell-target-stock-on-weak-holiday-sales-amazon-competition-goldman.html.
2. marketwatch.com / story / target-suffers-record-stock-price-plunge-2017-02-28.
3. money.usnews.com / investing / stock-market-news / articles / 2019-08-21 / target-corporation-tgt-stock-jumps-to-an-all-time-high.
4. barrons.com / articles / as-stock-indexes-hit-record-heights-guggenheims-minerd-says-were-near-a-minsky-moment-and-silly-season-in-risk-assets-2019-12-23.
5. fool.com / investing / 2017 / 08 / 21 / how-target-plans-to-replace-10-billion-in-sales.aspx.
6. cultofmac.com / 475449 / tim-cook-says-diversity-key-apples-magical-products.
7. reuters.com / article / us-target-results / target-posts-best-comparable-sales-growth-in-13-years-shares-hit-record-idUSKCN1L712Q.
8. fool.com / earnings / call-transcripts / 2018 / 11 / 20 / target-corporation-tgt-q3-2018-earnings-conference.aspx.

9. fastcompany.com / most-innovative-companies / 2019.
10. fastcompany.com / company / target.
11. statista.com / chart / 20386 / guests-staying-at-airbnb-appartments-on-new-years-eve.
12. vox.com / 2019 / 3 / 25 / 18276296 / airbnb-hotels-hilton-marriott-us-spending.
13. wsj.com / articles / marriott-completes-acquisition-of-starwood-hotels-resorts-1474605000.
14. Ray Dalio, *Principles* (New York: Simon & Schuster, 2017), p. 321.
15. annualreviews.org / doi / pdf / 10.1146 / annurev-orgpsych-031413-091305.
16. annualreviews.org / doi / pdf / 10.1146 / annurev-orgpsych-031413-091305.
17. Julia Rozovsky, "The Five Keys to a Successful Google Team," Google, November 17, 2015, accessed April 12, 2018, rework.withgoogle.com / blog / five-keys-to-a-successful-google-team /.
18. Rozovsky, "The Five Keys to a Successful Google Team."
19. sciencedirect.com / topics / psychology / emotional-contagion.
20. Francesca Gino, "The Business Case for Curiosity," *Harvard Business Review,* September–October 2018, p. 48.
21. cbsnews.com / news / delta-air-lines-rises-to-top-of-annual-u-s-airline-ranking /.

原则 5　在竞争中共赢

1. Kim Scott, *Radical Candor: Be a Kick-Ass Boss Without Losing Your Humanity* (New York: St. Martin's Press, 2019).
2. Marcia Reynolds, *The Discomfort Zone: How Leaders Turn Difficult Conversations into Breakthroughs* (Williston, Vt.: Berrett-Koehler Publishers, 2014).
3. Alexandra Sifferlin, "Is Your Cell Phone Making You a Jerk?" *Time,* February 20, 2012, healthland.time.com / 2012 / 02 / 20 / is-your-cell-phone-making-you-a-jerk /.
4. fortune.com / 2014 / 10 / 29 / ceo-best-advice /.

原则 6　认同并赞美

1. thecut.com / 2016 / 08 / how-to-motivate-employees-give-them-compliments-and-pizza.html.
2. Carlos A. Estrada, Alice M. Isen, and Mark J. Young, "Positive Affect

Facilitates Integration of Information and Decreases Anchoring in Reasoning among Physicians," *Organizational Behavior and Human Decision Processes* 72, no. 1 (October 1997): 117–35, academia.edu/11274527/Positive_Affect_Facilitates_Integration_of_Information_and_Decreases_Anchoring_in_Reasoning_among_Physicians.
3. Estrada, et al., "Positive Affect," p. 129.
4. Estrada, et al., "Positive Affect," p. 129.
5. "Michael Lewis on Character Building and 'Coach,'" NPR, June 11, 2005, npr.org/templates/story/story.php?storyId=4699508.
6. O.C. Tanner Learning Group White Paper, "Performance: Accelerated," p. 3, octanner.com/content/dam/oc-tanner/documents/global-research/White_Paper_Performance_Accelerated.pdf.
7. O.C. Tanner Learning Group White Paper, "Performance: Accelerated."
8. Lisa Firestone, PhD, "The Healing Power of Gratitude: The Many Ways Being Grateful Benefits Us," *Psychology Today,* November 19, 2015.
9. hult.edu/blog/celebrate-failure-not-just-success.
10. Interview with Henry Blodgett, Business Insider, December 2, 2014, youtube.com/watch?v=Xx92bUw7WX8.
11. Ibid.
12. wd40company.com/our-company/our-history.
13. tribe.wd40company.com/our-tribe/learning-teaching.
14. appel.nasa.gov/2010/02/25/ao_1-6_f_mistakes-html.

原则 7　持续打造共赢团队

1. stickk.com/tour/4.